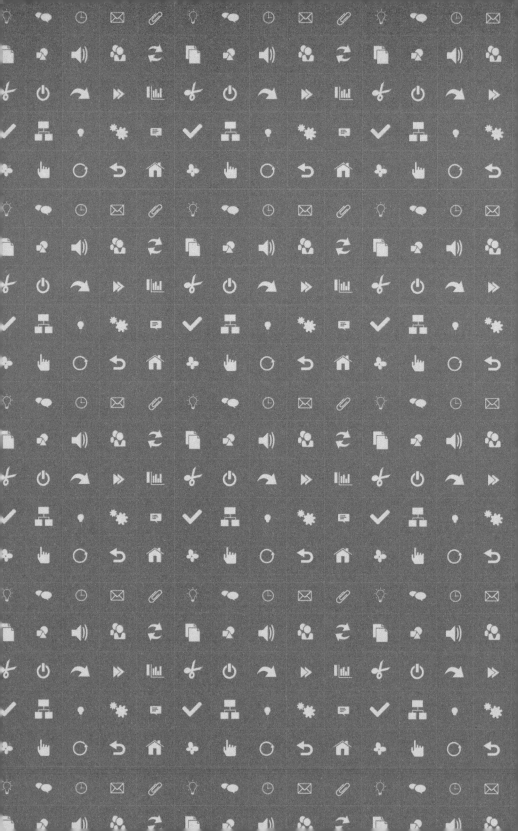

나의 첫
교육과정
재구성

발행일 2020년 1월 7일 개정판 1쇄 발행
지은이 민수연
발행인 방득일
편 집 신윤철, 박현주, 문지영
디자인 강수경
마케팅 김지훈

발행처 맘에드림
주 소 서울시 도봉구 노해로 379 대성빌딩 902호
전 화 02-2269-0425
팩 스 02-2269-0426
e-mail momdreampub@naver.com

ISBN 979-11-89404-29-1 03370

처 음 부 터 다 시 시 작 하 는 수 업

나의 첫
교육과정
재구성

민수연 지음

맘에 드림

교사의 생각을, 아이의 마음을 담은
─── 교육과정 재구성

 이 책은 1년 동안 아이들과 교사가 함께 행복한 교실을 만들어 나간 기록이며, 교육의 본질과 교사의 역할, 교육관과 인간의 본성에 관한 철학적 고민부터 구체적 방법론, 아이들의 참여와 기쁨에 이르기까지 교육과 관련된 다양한 요소가 버무려진 드라마이다.

 1장은 이 책의 총론에 해당하는 장으로 교육과정을 교사의 교육관, 아동의 요구, 시대적 필요에 맞게 디자인하는 과정을 담았다. 방법론적인 논의보다는 우리가 답해야 할 본질적인 문제들에 대해 함께 생각할 수 있는 계기가 되었으면 한다. 나머지 장에서는 그렇게 디자인된 교육과정을 동료 교사, 학급 아이들과 함께 펼쳐나가는 구체적인 과정을 그렸다. 부족하지만 노력한 과정을 최대한 자세히 제시했으니 학교 현장에 실질적인 도움이 되기를 바란다.

 이미 우리 주변에는 열정을 가지고 새로운 시도를 하고 계신 선생님들이 많다. 어디에서 저런 열정이 나오는지, 어떻게 저런 아이디어를 얻는지, 어쩌면 저리도 아이들을 사랑할 수 있는지 놀라게 된다. 아쉬움과 부족함이 많음에도 이 기록을 세상에 내놓는 이유는 이 책이 교사나 학부모들에게 작은 디딤돌이 되었으면 하는 마음 때문이다. 학교 현장에서 좀 더 다양한 교육활동이 시도되고, 의미 있는 배움이 일어나며, 그래서 우리 아이들이 좀 더 행복했으면 하는 바람이다.

진정한 지혜는 거대 담론이 아니라 일상 속에 숨어 있는 경우가 많다. 교사들의 다양한 시도를 통해 수많은 길이 보일 것이고, 그 다채로운 길을 따라가며 아이들은 성장할 것이다.

아이들과의 일화.

주제통합학습 하나를 끝내고 다음 주제까지 사이에 일반 수업을 하는 시간. 수업이 끝나는 종이 울리자 평소 말이 없던 예쁜 여자아이가 나에게 다가와 수줍게 말한다.

"주제통합학습이 끝나니까 수업 시간이 엄~청 긴 것 같아요."

'녀석아, 나도 좀 쉬자.'라는 생각이 들면서도 그 말이 어찌나 예쁘던지, '너희가 재미있다는 데 선생님이 조금 힘든 게 문제겠니. 그래, 우리 또 재미있는 공부를 해보자꾸나!' 하는 생각이 저절로 들었다.

동학년 선생님과의 일화.

1년 동안 같은 학년 선생님들과 아이들 자랑을 많이 했다. 어떤 선생님은 내가 복도를 지나면 으레 자기 반 교실로 불러들인 후,

아이들 작품이며 수업 중에 있었던 일을 슬쩍, 아니 노골적으로 자랑하신다. 그런데 귀찮다 할 수가 없었다. 나도 그랬으니까.

'이제 아이들 자랑하려면 돈 내고 하자고요.'

참 행복한 1년을 보냈다. 혼자 힘으로는 어려웠을 것이다. 어떻게 보면 새롭고 무모하다 싶은 시도를 적극 지원하고 격려해주는 학교 문화, 평범하지 않은 교육과정을 지지하고 교사를 믿어준 학부모님들, 수업이 끝나면 다 같이 모여 머리를 맞대고 교육과정과 수업에 대해 의논하던 동학년 선생님들, 특히 익숙하지 않은 교육과정을 재구성하고 운영하는 데 제일 든든한 지원군이 되어주신 선배 선생님들. 그리고 무엇보다 눈을 반짝이며 배우고, 또한 나를 일깨워준 아이들.

아이들은 무엇을 배웠는지 금방 잊을 것이다. 하지만 무엇을 느꼈는지 오래 간직할 것이다. 그 느낌이 아이들이 살아가는 동안 판단하고, 결정하고, 행동하는 원동력이 되길 바란다.

마지막으로 아이들에게 특별한 사랑을 전한다.

민수연

5장   내 꿈을 펼쳐라

1장

다시 바라보는
'수업'

교육과정은 왜 통합하고 재구성해야 하는 걸까? 교과서 그대로 가르치면 될 것을 왜 재구성을 이야기할까? 교과서를 달달 외우고 공부한 우리는 나라를 이만큼 잘 살게 이끌었으며, 지금 잘 살고 있지 않은가?

전문가가 아니라서 잘 모르겠다. 하지만 경험상 학교 공부는 재미가 없었다. 사지선다형 혹은 단답형의 문제를 풀기 위해 단편적인 지식을 무조건 외우고, 시험을 보고는 이내 잊어버렸다. 도대체 실생활에 쓰이지도 않는 걸 왜 외우라고 하는지 이해할 수 없었다.

사실 지금까지 가장 유용하게 써먹는 것은 중학교 가정 시간에 배운 바느질이다. 그때 배운 바느질로 지금까지 인형도 만들고, 양말에 난 구멍도 꿰맨다. 우리 세대의 주된 공부 방식은 암기였고, 내용은 단편적인 지식이었다. 그때는 지식이나 정보가 지금처럼 공유되는 시대가 아니었기 때문에 아는 것이 많은 사람이 전문가 역할을 했고, 아는 것이 많은 사람이 여러 면에서 유리했다.

그래서 우리는 많이 외웠고, 그 단편적인 지식이나 기술로 먹고살 수도 있었다.

우리는 '포드'의 시대, '채플린'의 시대를 산 사람들이다. 전체는 몰라도 쪼개고 쪼개어 나누어진 내 일만 잘하면 되는 시대, 분업의 시대를 산 것이다. 그런데 요즘은 좀 다르다. 언제부터인가 친구들과 담소를 나누다가도 궁금한 것이 생기면 바로바로 스마트폰을 검색해 답을 찾아낸다. 손가락 움직임 몇 번만으로 대부분의 지식에 접근할 수 있고 자유롭게 활용이 가능하다. 몇 초 만에 알아낼 수 있는 지식을 머릿속에 담아놓을 필요가 있을까? 그 많은 양을 다 담을 수 있기는 한 걸까?

필자는 책 읽기를 참 좋아한다. 여러 방면의 책을 읽으면서 '아하!' 하고 깨달음이 오는 순간이 있다. 그 깨달음의 순간은 내가 그동안 읽었던 것들, 경험한 것들이 목걸이처럼 줄줄 꿰어지는 순간이다. 그 목걸이 혹은 그 틀을 통해 많은 것이 새롭게 이해되고 해석된다. 이렇게 꿰어진 틀은 다양한 순간에 활용되고, 새로운 생각을 하게 하는 바탕이 된다. 이런 게 말로만 듣던 '통합, 통섭을 통해 창의성이 발현되는 과정'이 아닐까.

무언가를 단순히 외우고 기억하는 것은 이제 우리 인간의 몫이 아니다. 컴퓨터의 등장에 이어 이제는 인공지능(AI)을 이야기한다. 그럼 이제 인간에게 남은 것, 우리가 잘할 수 있는 것, 기계가 대신할 수 없는 것은 무엇인가를 생각해야 할 때다.

학년 초가 되면 학부모들을 모셔놓고 교육과정을 왜 재구성해

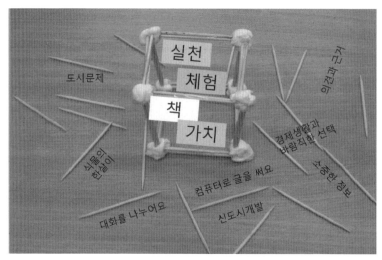

이 그림은 학부모들을 대상으로 교육과정을 설명하는 자리에서
1년 동안의 교육과정 운영계획을 발표하며 사용했던 것이다.

야 하는지 그 필요성과 1년 동안의 교육과정을 설명하는 자리를
갖는다.

저는 1년 동안 아이들을 이렇게 가르치겠습니다. 여기 보시
는 것들은 개별 교과에 나오는 개별 단원들의 제목입니다. 우리
는 그동안 교과서에 '대화를 나누어요'라는 단원이 나오면 별로
관심도 없는 문제에 관해 억지로 대화를 나누었고, '컴퓨터로
글을 써요'라는 단원이 나오면 생각지도 않다가 갑자기 컴퓨터
로 책 광고문을 작성하거나 합니다.

각 교과, 각 단원, 각 차시는 단절되어 있습니다. 1교시 국어
시간에 생각한 것은 그 한 시간으로 끝이고, 2교시 사회 시간은
전혀 관련 없는 것들을 배웁니다. 이렇게 조각난 지식은 쉽게

잊히고 활용되지 못한 채 기억에서 사라지는 경우가 많습니다.

하지만 일상생활이 어디 그런가요? 우리는 매우 복잡한 상황을 맞이합니다. 국어과의 이 지식, 사회과의 이 지식이 따로 적용되는 상황이 아닌 것이지요.

그래서 저는 학년 성취기준에 맞게 아이들에게 유용한 주제로 묶어 재구성해 가르치려고 합니다. 단편적인 지식이나 기능이 아닌 어디서든 활용이 가능한 생각의 틀, 판단의 틀을 만들어주고 싶습니다. 올바르게 가치를 판단할 수 있는 시민, 폭넓게 사고할 수 있는 시민, 뜨겁게 공감할 수 있는 시민을 만들고자 합니다. 이를 위해 교과서 이외에도 각 주제별 중심 도서 한두 권과 다양한 영상 자료, 체험활동이 추가될 것입니다.

교육부에서는 아이들에게 단백질과 탄수화물, 지방, 비타민 등이 필요하니 빠뜨리지 말고 먹이라고 제시합니다. 학교 현장에서 교사는 아이들의 개별성, 지역의 특별성 등을 고려합니다. '지금 지방이 많은 고기 단백질을 먹였다가는 탈이 날 것 같으니 부드러운 식물성 단백질을 먹여야겠구나. 우리 아이들은 칼슘이 부족하네. 칼슘은 비타민 D와 함께 먹어야 흡수가 잘되니 같이 먹여야겠구나. 눈이 안 좋은 아이들이 많아 비타민 A를 먹여야겠는데 녀석들이 당근을 싫어하네. 그럼 이렇게 조리해서 여기에 살짝 끼워 먹여야지.' 하는 것을 정하는 게 교사의 전문성입니다.

물론, 가장 기본적인 바탕이 되는 개념이나 지식은 충실히 지도하겠습니다. 교과서를 보시고 어떤 곳이 비어 있으면 '우리 선생님이 더 좋은 수업 자료를 활용하셨구나.'라고 생각하십시오(웃음).

[교육과정 재구성 과정]

---

1. 철학 세우기
(1) 교육관 세우기
(2) 아동관 세우기
(3) 교사로서의 자아 정체성 세우기

2. 핵심 교육내용 선정하기
(1) 핵심 역량 선정하기
(2) 핵심 가치 선정하기

3. 성취기준 분석하기

4. 교과 통합하기

5. 교육 자료 수집하기

6. 차시 운영계획 세우기

지금부터 교육과정을 통합하고 재구성하는 구체적인 과정에 대해 이야기하고자 한다.

1. 철학 세우기

교육과정을 디자인하기 전에 혹은 그보다 훨씬 본원적으로 아이들을 가르치기 전에 생각해야 할 것들이 있다.

(1) 교육관 세우기
'교육의 참모습은 어떠해야 하는가?'

단언하기 어려운 물음이다. 하지만 확실한 것은 우리 교육이 시대에 뒤처져 있고, 아이들은 학업 스트레스로 인해 불행하다는 것이다. 내가 지금 여기에서 교육의 참모습은 이래야 한다고 말하기보다 우리에게 화두를 던져주는 좋은 예가 있어 그 내용을 소개하는 것으로 대신한다.

여기, 한 나라가 있다.

이 나라는 세계경제포럼에서 발표한 2017~2018 국가경쟁력 지수에서 세계 5위를 차지할 정도로 탄탄한 경제 대국이지만, OECD가 주도하는 국제학업성취도평가(PISA)에서는 언제나 중하위권 수준에 머무른다. 이 나라에서는 초등학교에 들어가 알파벳을 배우고, 몇 가지 단어를 익히는 데 1년을 보내며, 1부터 20까지의 덧셈, 뺄셈을 배우는 데 또 1년을 보낸다.

손가락을 사용하든 발가락을 사용하든 구구단 같은 계산법을 미리 가르쳐주지 않는다. 아이들 스스로 자기만의 방법을 찾는 것이 중요하다고 생각하기 때문이다. 그렇기 때문에 절대로 하면 안 되는 것이 선행학습이다. 선행학습은 다른 아이들의 질문 기회와 교사의 수업권을 침해하는 엄청난 짓으로 치부된다.

이 나라의 학교에도 아이들이 꼭 통과해야 하는 자격시험이 있는데, 자전거 면허증과 수영 인명구조 자격증이 그것이다. 이 나라에서는 안전과 여가를 지식 못지않게 중요하게 여기고, 행복한 삶을 사는 것을 교육의 목표로 삼는다.

'이 나라'. 한때는 주입식 국민교육 제도를 실시하고, 이러한 교육제도를 당당하게 수출했던 독일. 하지만 그 교육제도가 낳은 것은 전쟁과 우월주의라는 괴물이었고, 역사적인 반성을 통해 새로운 교육적 해답을 얻었다. 바로 1등 다툼이 필요 없다는 것이다. 사회는 한두 명의 뛰어난 사고보다 모두의 깊이 있는 사고를 원하고, 다 함께 사는 법을 가르치는 것이 결국 경쟁력 있는 교육이라는 것이다.

(2) 아동관 세우기

아이들은 하얀 백지 상태이기 때문에 내가 하나부터 열까지 가르치고 채워주어야 할 존재인가? 아니면 이미 작은 싹들을 가지고 있기 때문에 적절한 자극을 주어 잠재된 것을 이끌어내면 되는 존재인가?

교사로서의 경력이 쌓일수록 아이들의 작은 가슴과 머릿속에 엄청난 것들이 숨어 있음을 실감한다. 아이들을 믿고 격려해주는 분위기가 마련되면 아이들 속에 숨어 있는 놀라운 잠재력이 마음껏 발휘되는 것을 보아왔다. 고민되거나 어려울 때 아이들에게 털어놓으면 의외로 괜찮은 아이디어가 나와 도움을 받은 적이 많다. 그래서 나는 교학상장(敎學相長)이라는 말을 좋아한다. 가르치며 아이들과 함께 배우고 함께 성장하는 경험은 참 멋지다.

(3) 교사로서의 자아 정체성 세우기

'클릭 교사'라는 말이 구설에 오르고 있다. 별다른 연구 없이, 교사를 위해 개발된 인터넷 사이트를 클릭하며 가르치는 교사를 일 컫는 말이다. 언제부터인가 교사들은 교육 내용보다는 가르치는 방법에 더 많은 관심을 갖고 몰두하고 있다는 생각이 든다. 교육 내용은 교사로부터 분리되어 저 너머에 존재하고, 교사들의 역할 은 그저 주어진 내용을 효율적으로 가르치는 것일 뿐이라는 듯 말 이다.

예전에는 이름난 스승들, 아니 이름나지 않은 스승들도 교육내 용과 교육방법 모두에서 전문가들이었다. 어떠한 주제와 관련해 서든지 심지어는 교과서 없이도 맨손 수업이 가능했다는 이야기, 즉 교육의 콘텐츠까지 장착하고 있었다는 말이다. 그런데 지금의 교사는 어떠한가? 어떻게 가르쳐야 할 것인가를 고민하기에 앞서 무엇을 가르쳐야 할 것인가를 고민해야 한다고 생각한다.

최근 〈알쓸신잡〉이라는 텔레비전 프로그램이 인기를 끌고 있 다. 내로라하는 잡학박사들이 나와 깨알 같은 지식을 자랑하는 프로그램이다. 아는 것이 많으니 술술 이야기하듯이 풀어내는 내 용이 재미있으면서도 알차다. 나도 수업 시간에 아이들에게 이야 기를 많이 들려준다. 물론 잡학박사 수준이 아니라 한계가 있지 만 나의 시청자들은 초등학생들이라 그런지 넋을 잃고 듣는다.

필자의 이야기들은 잡다하게 읽는 독서에서 비롯된다. 경제, 과 학, 문학, 심리 등 가리지 않고 책을 가까이하다 보니 수업 중에 아이들에게 재미있게 들려줄 이야기가 많아졌고, 그 이야기를 나 의 시청자들도 아주 좋아한다. 독서는 수업 중에 들려주는 이야기뿐 아니라 교육과정을 재구성할 때, 교육 행사를 기획할 때 등 여러 면에서 아이디어를 주고 든든한 버팀목이 되어준다.

교사가 폭넓은 안목을 가지고 있을 때, 아이들이 좀 더 너른 시선으로 세상을 바라보도록 도와줄 수 있지 않을까?

2. 핵심 교육내용 선정하기

교육의 본질과 교사의 역할 등에 관한 치열한 고민을 시작했다면 그다음은 좀 더 구체적으로 들어가야 한다.

(1) 핵심 역량 선정하기

앞으로 10년, 20년 후의 미래를 살아갈 아이들이 갖추어야 할 역량은 무엇일까? 교사가 아이들에게 이러한 역량을 키워주겠다는 확실한 목표 의식을 가지고 교육활동에 임하는 것과 아닌 것은 분명 차이가 있다. 사람에 따라 다양한 의견이 있을 수 있겠으나 일단 2015 개정 교육과정에서는 다음과 같이 6가지 핵심 역량을 제시하고 있다.

① 자기 관리 역량: 자아 정체성과 자신감을 가지고 자신의 삶과 진로에 필요한 기초 능력과 자질을 갖추어 자기 주도적으로 살아갈 수 있는 능력
② 지식정보처리 역량: 문제를 합리적으로 해결하기 위해 다양

한 영역의 지식을 축적하고 처리해 활용할 수 있는 능력

③ 창의적 사고 역량: 폭넓은 기초 지식을 바탕으로 다양한 전
문 분야의 지식, 기술, 경험을 융합적으로 활용해 새로운 것
을 창출하는 능력

④ 심미적 감성 역량: 인간에 대한 이해와 문화적 감수성을 바
탕으로 삶의 의미와 가치를 발견하고 향유할 수 있는 능력

⑤ 의사소통 역량: 다양한 상황에서 자신의 생각과 감정을 효
과적으로 표현하고 다른 사람의 의견을 경청하며 존중하는
능력

⑥ 공동체 역량: 지역, 국가, 세계 공동체의 구성원에게 요구되
는 가치와 태도를 가지고 공동체의 발전에 적극적으로 참여
하는 능력

각각의 역량이 매우 많은 내용을 포함하고 있고 추상적인 개념
들이라서 쉽게 이해하고 교육의 방향을 잡는 데는 어려움이 있
다. 또한 이것들은 한 교사와 아이들이 만나는 1년 안에 다 키워
줄 수 있는 성질도 아니기 때문에 특히 중점적으로 강조해서 제공
해주고 싶은 역량, 교사가 잘 가르칠 수 있는 역량을 찾아 1년 동
안 지속적인 활동을 하는 것도 하나의 방법이라고 생각한다.

그리고 교사 나름대로 아이들에게 필요한 역량을 소화하고 좀
더 쉽고 간단한 용어로 표현해, 아이들과 지속적으로 이야기를 나
누면서 교육활동을 해나가는 것도 좋은 방법이다.

(2) 핵심 가치 선정하기

사람이 살아가면서 중요하게 여기고 추구하는 가치는 각기 다르다. 어떤 사람에게는 건강이 중요한 가치일 것이고, 또 어떤 이에게는 돈이 중요한 가치일 수도 있다.

학교의 특성상 아이들은 교사의 가치체계에 많은 영향을 받을 수밖에 없는데 그렇기 때문에 교사는 더욱더 행복하고, 더욱더 올바름을 추구해야 한다. 필자의 경우는 아이들에게 행복, 공존, 환경보존, 참여, 심미감, 몰입, 나눔과 관련된 가치를 심어주기 위해 노력한다.

행복

사람은 무엇을 위해 살까? 결국 행복하기 위한 것이 아닐까 싶다. 그런데 행복은 언제 오는 걸까? 힘든 오늘을 참고 견디면 오는지, 손꼽히는 대학에 들어가고 좋은 직장에 취직하면 오는지. 우리나라 청소년들의 행복지수는 세계 최하위권이다. 2017년 2월 8일 글로벌 에듀케이션 매니지먼트 시스템스(GEMS)가 운영하는 자선단체 '바르키 재단'이 내놓은 〈Z세대 보고서〉에 따르면, 우리나라 청소년들의 행복지수는 29점으로 조사 대상 20개국 중 19번째로 나타났다.

> 바르키 재단은 지난해 9월 19일~10월 26일 미국, 영국, 독일, 프랑스, 중국, 브라질, 일본, 이탈리아 등 전 세계 주요 20

개국 청소년(15~21세) 2만여 명을 대상으로 조사를 실시했다. 밀레니얼 세대(1980~95년생)의 다음 세대인 Z세대는 다른 세대보다 글로벌 환경과 인터넷, 사회관계망서비스(SNS)에 익숙하다는 특징을 지닌다.

청소년들의 행복감이 가장 높은 국가는 행복지수 90점을 기록한 인도네시아였고 나이지리아(78), 이스라엘(73), 인도(72), 아르헨티나(65) 등이 뒤를 이었다. 미국은 63점으로 6위, 중국은 62점으로 7위를 차지했다. 일본은 한국보다 1점 낮은 28점으로 최하위였다. 한국과 일본은 20개국 평균 지수인 59점의 절반 수준으로, 다른 국가들과 큰 차이를 보였다.

한국 청소년들은 학업 스트레스가 많고 자기 나라에 대한 불만족도 다른 국가들보다 큰 것으로 나타났다. 행복지수가 비슷한 일본의 경우 '학업이 삶의 최우선 걱정거리'라는 응답이 36퍼센트, '자국에 대해 만족한다'는 답변이 64퍼센트였다. 이에 비해 한국은 '학업이 걱정'이란 응답이 70퍼센트로 20개국 중 가장 높았고, '자국에 대해 만족하지 않는다'는 답변(29퍼센트)이 '만족한다'(23퍼센트)보다 6퍼센트포인트 높았다. 자국에 대한 긍정 답변보다 부정 답변이 많은 것은 한국이 유일하다.

그럼, 어른들의 행복도는 높을까?

유엔 자문기구인 지속발전해법네트워크(SDSN)가 20일 발표한 〈세계 행복 보고서〉에서, 지난해 4위였던 노르웨이는 올해 7.54의 행복지수를 받아 1위를 차지했다. 이어 덴마크와 아이슬란드, 스위스, 핀란드 등 역시 유럽 국가들이 각각 2~5위를 차지했으며, 미국은 14위, 한국은 56위, 중국은 79위에 머물렀다. ●

● 《세계일보》, 2017. 2. 9

행복은 개인의 정서 문제만은 아니다. 국가의 제도가 뒷받침되어야 국민들은 살기 좋다고 느끼고, 그와 더불어 행복감을 느낀다. 하지만 행복은 제도가 뒷받침된다고 저절로 주어지는 것 또한 아니다. 왜냐하면 행복은 원천적으로 외부로부터 주어지는 것이 아니라 자신이 선택하는 것이기 때문이다.

나는 아이들이 어떠한 상황에서도 희망을 볼 수 있고, 어떠한 고난과 좌절도 극복할 수 있는 힘을 갖기를 바란다. 그러기 위해서 아이들 각자가 마음속에 자신만의 '행복발전소'를 가졌으면 한다. 마음의 눈금이 항상 '행복'을 가리키다 어려운 일이 생길 때 가끔씩 '불행'으로 떨어져야지, 늘 '불행'을 가리키다 외부의 이벤트에 의해 가끔씩 '행복'으로 올라가지는 않았으면 하는 바람이다.

이를 위해 어른들은 제도적 장치 마련과 더불어 격려와 칭찬을 아끼지 말고, 아이들이 남과 다른 본인만의 귀한 가치를 깨달을 수 있도록 도와주어야 할 것이다.

공존

우리는 혼자 살 수 없다. 다른 사람, 혹은 다른 생명체와 더불어 공존해야 한다. 이 공존이 아름다운 것이 되려면 서로 지켜야 할 것들이 있다. 사람 사이의 바람직한 관계가 오래 지속되려면 품위를 지킬 수 있는 적당한 거리가 필요하다. 이 거리는 좁혀지는 게 아니라 침범되는 것이다. 상대방에 대한 배려와 존중을 통해서 거리가 유지될 수 있다고 본다.

사람의 다양성을 인정하고 있는 그대로 받아들여주는 것 또한 공존을 위한 바람직한 태도이다. 다름을 틀림으로 받아들이지 않는 시각을 아이들이 가졌으면 한다.

또한 지구상의 다른 생명체와 어떻게 공존할 것인지에 대해서도 고민이 필요하다. 이는 환경문제와도 직결되는 것으로 아이들의 삶과 깊은 관련이 있다. 나는 아이들이 인간에 의해 황폐화된 지구를 버리고 제2의 지구를 향해 떠나는 일을 겪지 않았으면 한다.

환경보존

이제 환경보존은 도덕적, 선택적 문제가 아니라 생존의 문제가 되었다. 환경문제로 인한 자연 재난의 횟수와 규모가 커지고 있고, 이제는 먹거리마저 심각하게 위협당하고 있다. 공장식 축산이 낳은 살충제와 항생제로 버무려진 육류, 광우병과 구제역, 조류인플루엔자(AI), 방사능이 유출된 바다에서 잡은 생선, 기후 변화로 인해 수확량이 줄어드는 채소 등.

한국해양과학기술진흥원과 한국해양과학기술원의 〈해양 미세 플라스틱에 의한 환경 위해성 연구, 2017년도 중간 보고서〉에 따르면, 남해안 일대에서 채취된 수중 생물 97퍼센트에서 '죽음의 알갱이'라고 불리는 미세 플라스틱이 다량으로 검출되었다고 한다. 이러한 일련의 사태를 보며 영화 〈매트릭스〉1에 나오는 명대사가 생각난다. 메탈 생물체 요원인 스미스가 혁명군 대장 모피어스에게 한 말.

"내가 그동안 이곳에 있으며 깨달은 진리를 하나 가르쳐주지. 너희 종족을 어떻게 분류할까 생각하다 깨달은 진리인데 너희는 사실은 포유류가 아니란 것이야. 지구상의 모든 포유류는 본능적으로 자기가 사는 환경과 조화를 이룰 줄 아는데 너희 인간은 그렇지 않거든.

너희는 어떤 장소로 옮기면 그곳에서 번식해서 그곳의 자원이 바닥날 때까지 번식을 계속하지. 그래서 생존할 수 있는 단 하나의 방법은 또 다른 장소로 퍼지는 것이야. 지구상에 또 하나 이런 패턴을 따르는 생명체가 있는데 그게 바이러스지."

이제는 우리의 행동 하나하나를 환경영향평가 하듯 해야 하고, 아이들이 환경문제에 민감해질 수 있도록 교육해야 한다.

참여

참여는 배운 것을 실천하는 과정으로 배움에서나 삶에서 매우 중요한 태도라고 생각한다. 자신의 참여와 실천이 세상을 좀 더 나은 곳으로 만드는 데 이바지할 수 있다는 것을 아이들이 경험하는 것은 이후의 삶을 변화시킬 수 있는 좋은 밑거름이 된다고 생각한다. 따라서 우리 주변의 문제를 개선하고 배운 것을 적극적으로 실천할 수 있도록 교육과정을 재구성하는 것이 필요하다.

심미감

나는 아이들이 작은 것에서도 아름다움을 느낄 수 있는 섬세한 촉수를 많이 가졌으면 한다. 이러한 감수성은 곧 행복으로 연결될 것이고 세상은 살 만한 곳이라는 긍정적인 마음으로 연결될 것이다. 내가 오늘 아침 먹은 음식의 맛을 진하게 느끼고, 가을 하늘의 청명함과 붉게 물드는 저녁노을을 우러를 수 있는 심미감은 아이들의 삶을 풍요롭게 할 것이다.

몰입

몰입의 즐거움을 느껴본 적이 있는가. 여기에서 말하는 몰입이란 배움에 몰입해 즐거움을 느껴본 적이 있는가 하는 것이다. 아이들은 의외로 어른들이 시키는 여러 일을 하느라 바빠서 혹은 학교에서 제공하는 광범위한 지식과 정보를 처리하느라 정작 자신이 필요로 하거나 관심을 가진 분야에 충분한 시간을 가지고 깊게 몰입해본 경험이 적다.

한 가지 주제에 대해 깊이 있게 탐색하고 느끼고 배운 것을 실천하는 과정은 아이들에게 배움의 즐거움을 느끼게 하고, 무엇인가를 배운다는 것은 어떠해야 하는지와 관련된 배움의 틀을 제공해준다는 면에서 중요한 가치이다.

나눔

나눈다는 행위는 남을 위한 것이 아니라 자신을 위한 행위이다. 나눔으로써 잃는 금전적, 시간적 손실보다 나눔으로써 얻는 정서적 만족감이 훨씬 크기 때문이다. 인간은 단순히 생명을 유지하는 존재라기보다는 삶을 영위하는 존재라고 생각한다. 인간은 본능의 충족을 넘어 의미 있고, 가치 있는 존재가 되고자 하는 욕구를 타고난다.

이러한 욕구를 충족하는 데 나눔은 더없이 좋은 수단이다. 나누어 보면 안다. 내 작은 정성으로 누군가 조금은 더 나은 삶을 살 수 있다는 걸 느끼는 기분을. 아이들에게 작지만 지속적으로 나눔을 체험할 수 있는 기회를 주는 것은 그렇기 때문에 중요하다.

3. 성취기준 분석하기

재구성을 위한 다음 단계는 교육과정에 제시된 성취기준을 분석하는 것이다. 각 교과별 성취기준을 교과서와 함께 꼼꼼하게 살펴본 후 관련지을 수 있는 것을 연결하고 강조점을 찾아내는 과정이 이어져야 한다. 이 과정에서는 다른 학년과의 교육과정상 위계를 참고해 해당 학년에서 필수적으로 배워야 할 것들을 짚어내는 것이 중요하다. 4학년을 예로 들어보겠다.

4학년 도덕과의 성취기준을 살펴보면 성실, 이웃 간의 예절, 통일, 반성, 환경보호, 협동, 다문화 등의 키워드를 얻을 수 있다.

국어과 성취기준에서는 대화, 회의, 발표(듣기·말하기), 요약, 내용 파악, 문학작품에 대한 의견 나누기(읽기), 자신의 의견이나 마음이 드러난 글쓰기, 다양한 매체 활용 글쓰기(쓰기), 이야기 요약, 이야기 분석, 작품 감상과 표현(문학) 등이 주된 내용임을 파악할 수 있을 것이다. 문법은 국어과의 고유한 영역이기 때문에 여기서는 제외했다.

사회과를 살펴보면 촌락의 형성과 주민 생활, 민주주의와 주민 자치, 이동과 소통, 우리 지역과 다른 지역, 경제생활과 바람직한 선택, 지역발전을 위한 제안과 주민 참여, 도시 분포와 도시문제 해결, 사회의 변화와 소수자 등의 키워드를 찾아낼 수 있다.

과목별 키워드와 핵심을 찾았다면 교사의 교육관과 일치하는 지점을 찾아 연결하는 과정이 필요하다. 교사가 환경문제에 중점을 두고 있다면 도덕과의 환경보호, 사회과의 도시문제 해결을 통합해 새로운 생태도시를 계획해보는 주제가 가능할 것이다. 이 과정에서 국어과의 조사와 발표, 도시문제 해결을 위한 의견 쓰기, 회의와 같은 활동을 함께할 수 있고, 사회과의 우리 지역의 문제에 참여하는 주민 참여의 과정 또한 첨가할 수 있을 것이다.

국어과는 도구 교과이기 때문에 다양한 주제 속에서 여러 번 반복적으로 활용이 가능하다. 예를 들어, 4학년에서는 의견을 나타내는 글을 읽고 쓰는 것이 중요한 성취기준인데, 의견을 나타내는 글은 모든 주제에서 써볼 수 있다. 또한 회의와 대화 역시 중요한 성취기준으로, 이 역시 재구성 주제와 관계없이 지속적으로 활용이 가능하다.

4. 교과 통합하기

성취기준까지 분석했다면 이제부터는 본격적으로 교육과정을 재구성하는 단계이다. 교육과정을 통합하는 경우에는 위에서 살펴본 바와 같이 사회과나 도덕과를 중심 교과로 삼는 것이 좋다. 두 교과는 가치를 중심으로 구성되어 있기 때문에 이들 가치를 중심으로 통합하면 의미 있는 재구성을 할 수 있다. 예를 들어, 도덕과는 환경보호, 배려, 나눔 등의 가치를 담고 있고, 사회과는 경제 정의, 환경, 참여, 민주주의와 같은 가치를 담고 있으므로 이를 중심으로 교육과정을 재구성할 수 있다.

교육과정을 재구성할 때는 단원을 통째로 옮기는 것이 간편하다. 하지만 국어과는 도구 교과이기 때문에 다양한 재구성 주제에서 동일한 성취기준, 혹은 단원을 분산시켜 활용할 수 있고, 사회과는 중단원을 기준으로 나누는 것도 가능하다.

여기에 미술과를 접목시켜 표현 활동으로 잡고, 창의적 체험활동 시간을 적극 활용해 다양한 체험을 계획할 수 있을 것이다. 특히 한 주제의 처음과 마지막에는 꼭 창의적 체험활동 시간을 배열해 주제망 짜기와 소감 나누기를 한다.

5. 교육자료 수집하기

교과까지 통합을 했다면 큰 틀은 마련한 셈이다. 여기에 주제를 뒷받침해줄 책과 자료, 그리고 체험과 실천 활동을 덧붙이면 된다. 한 차시, 한 차시 수업 진행을 위해 어떤 자료와 체험을 활용할 것인지는 애써 찾아야 한다. '애써'라는 표현을 쓴 것은 이 과정에 많은 시간과 노력이 들기 때문이다. 인터넷과 서점, 도서관을 뒤지고, 수도 없이 전화해 체험활동 일정을 조율하고 섭외해야 한다.

우리 반은 교육과정 재구성 통합 주제에 꼭 중심 도서를 넣기 때문에 적당한 책을 찾느라 조금은 애를 먹었다. 도서는 아이들에게 부담 지울 필요 없이 한 권만 구매해 교사가 읽어주거나 모둠별 한 권 정도 구매해 아이들끼리 돌려 읽으면 된다. 도서를 선택할 때는 반드시 교사가 먼저 읽어보고 선정하는 것이 기본이다.

동영상은 워낙 자료가 많아서 활용할 거리가 풍부한데 주로 EBS의 〈다큐 프라임〉과 〈지식채널e〉를 활용했다. 동영상을 수업 중에 활용할 경우에도 교사가 미리 보고 광고가 들어 있지는 않은지, 불필요한 부분은 없는지 점검하고 편집을 하거나 시간을 적어두고 건너뛰기를 해야 한다.

현장 체험을 포함한 체험활동은 좀 더 적극적으로 계획되어야 한다. 백문이불여일견(百聞而不如一見)이고 백견이불여일행(百見而不如一行)이라고, 자신이 직접 체험해보는 것보다 더 확실한 학습 방법은 없을 것이다. 체험활동은 아이들의 흥미와 관심을 높일 뿐 아니라 참여와 실천이라는 소중한 가치도 경험으로 체득해 볼 수 있는 좋은 기회이다.

전에는 체험학습을 나들이 정도로 인식하고 연 2회 정도 관습적으로 실시한 경우가 많았으나, 현장 체험이든 교내 체험이든 교육과정과의 직접적인 연관 속에서 편성할 필요가 있다. 예산이 별도로 없어도, 아이들에게 큰 부담을 지우지 않고도 얼마든지 가능한 체험활동이 많다. 그리고 기존의 프로그램을 그대로 선택하려고 하지만 말고, 각각의 교육과정에 맞게 변형하고 요구해 함께 프로그램을 만드는 것도 가능할 것이다.

또한 배운 것을 실천하기 위한 활동도 적극적으로 계획해야 한다. 윤리적 소비에 대해 배웠으면 실질적으로 윤리적 소비를 해보는 체험활동이, 주민 참여에 대해서 배웠으면 아이들 수준에서 직접 시정에 참여해보는 활동이 필요하다고 생각한다.

6. 차시 운영계획 세우기

마지막으로 지금까지 계획한 것들을 잘 정리해 차시 운영계획을 세워야 한다. 우리 반의 경우 한 주제가 끝날 때까지는 교과전담 시간을 제외하고는 연결하여 통합 주제 수업만 진행했다. 한 주제는 짧게는 1주일에서 길게는 2~3주에 걸쳐서 진행됐고, 그 기간 동안에는 주제에 포함되지 않는 교과는 수업을 진행하지 않았다.

　교육과정 통합의 의미는 한 주제에 대한 깊이 있는 배움이고 고민이기 때문에, 기존의 분과적인 시간표를 그대로 운영하며 교육과정을 통합 운영한다는 것은 아이들에게 혼란만 초래할 뿐 바람직하지 않다고 생각한다. 다음의 표는 교육과정을 재구성해 차시 운영계획으로 상세화한 표이다.

[교육과정 재구성 차시 운영계획 예시]

차시	과목	단원	활동 내용
1	창체		주제망 짜기
2-3	사회	2-③도시의 문제와 해결	도시의 문제 조사 발표
4-5	창체		미세먼지 바로 알기
6	사회	2-③	도시문제의 종류와 발생 원인
7	사회		도시문제 해결 방안 모색 (쿠리치바 동영상)
8-12	국어	6. 소중한 정보	다양한 매체 듣고 보고 생각 나누기 – 생태도시 동영상 – 패시브 하우스 동영상 – 하천 살리기 동영상
13-14	창체	기후 학교	하천 살리기 성공 사례 – 양재천의 역사와 생태
15-18	창체	교통안전 유괴 예방	주제통합 현장체험학습(하늘공원) – 교통안전교육 – 유괴 예방 교육
19-20	체육		하늘공원 산책하기
21-22	사회	2-④신도시의 개발	과천을 꿈의 도시로 만들기 위해 문제점과 개선점 찾기

23-25	미술		꿈의 도시 과천 만들기
·	·	·	·
·	·	·	·
·	·	·	·

  교육과정은 필요에 따라 재구성해야 한다. 전 학기, 전 학년을 재구성하겠다는 목표는 재구성을 위한 재구성일 뿐, 억지로 끼워 맞춰야 하는 교과와 단원이 생기게 마련이므로 주의하자. 필자는 가치를 중심으로 교육과정을 재구성하고 통합 주제를 운영하지 않을 경우에는 나머지 부분들을 분과적으로 가르쳤다.

  이 모든 과정은 어찌 보면 힘겨운 일이 될 수도 있으나, 교사인 내가 노력한 만큼 행복해하고 성장하는 아이들을 보면 충분한 대가를 받고 있다는 느낌이 들 것이다. 더불어 창의적이고 전문적인 활동을 할 때 느낄 수 있는 교사로서의 효능감을 만끽할 수 있을 것이다.

2장

함께 사는 세상

새 학년을 맞았다. 새 학년이 되면 늘 아이들과 한해살이를 계획한다. 교실이라는 공간 속에서 같은 반이라는 공동체를 어떻게 만들지, 교사도 아이들도 준비하는 시간인 것이다.

사람은 예상할 수 있을 때 안정감을 느낀다. 각오를 다질 수 있고 대처가 가능하기 때문일 것이다. 학년 초는 아이들이나 학부모들 모두 무척 긴장하게 마련이다. 이러한 긴장감은 1년 동안의 학교생활이 어떠할 것이라는 예측을 통해 해소될 수 있다. 그래서 학교생활이나 교육과정에 대해 학기 초에 자세하게 안내하고, 가능하다면 함께 협의하는 과정이 중요하다.

이번 주제는 교사와 아이들, 아이들 상호 간의 친밀감 형성, 함께 생활하기 위해 필요한 학급 규칙 정하기, 도덕성에 대한 생각 나누기, 제3의 힘과 비폭력 대화법 알기, 상담과 진로지도 등으로 활용할 표준화 검사 등의 내용을 담고 있다.

1. 첫인사

교사에게도 학년이 시작되는 첫날은 참 긴장된다. 화장에도 조금 더 신경 쓰게 되고 옷도 신중히 고른다. 그리고 1년 동안 아이들을 많이 사랑할 수 있기를, 교사의 도움이 절실하게 필요한 아이에게 특별한 도움이 될 수 있기를 기도한다.

미리 번호 순서대로 이름표를 책상에 붙여놓고 문 밖에는 환영 인사와 함께 좌석배치도를 붙여놓는다. 아이들이 첫날 교실에 들어와서 어디에 앉아야 할지 고민하지 않도록, 혹은 친구가 없어서 혼자 따로 앉는 아이가 생기지 않도록 하기 위함이다.

첫날 아이들에게 좋은 인상을 심어주는 것은 매우 중요하다고 생각한다. 선생님이 친절하고 자신의 이야기도 잘 들어주고 잘 웃는 사람이라는 인상은 아이들을 안심시키고, 더불어 아이들의 첫날이 어떠했을지, 선생님은 어떤 분인지 노심초사 기다리고 있을 학부모에게도 희소식이 될 것이다. 아이가 집에서 선생님이 어떤지 묻는 부모님의 질문에 "우리 선생님, 엄청 친절하세요!"라고 말했다면 그 해의 많은 일은 모나지 않고 부드럽게 흘러갈 것이다.

아이들에게 어떤 선생님이 제일 무섭냐고 물으면 많은 아이가 잘 웃지 않는 선생님이라고 대답한다. 교사가 밝은 모습을 보이고, 학급 분위기를 안정적이고 따스하게 만들려는 노력은 평화로운 한 해를 위한 밑거름이 될 것이다. 또한 신뢰할 수 있고 두려움이 없는 교실은 아이들이 공부하고 자라기에 더할 나위 없이 좋은 장소가 될 것이다. 필자는 첫날 늘 아이들에게 한 가지 비밀을 고백한다.

"애들아, 너희들 그거 아니? 이건 비밀인데···. 사실은 선생님이 예쁜 사람만 골라서 우리 반 될 친구들을 살짝 뽑았어. 역시 선생님의 선택이 틀리지 않았구나. 참 예쁘고 바른 친구들만 모였네."

이 말을 들은 아이들은 반신반의하면서도 얼굴에 번지는 미소를 숨기지 못한다. 그러고 나서 교사도 스스로에게 주문을 건다. 정말 내가 선택한 최고의 아이들이라고, 1년이 참 많이 행복할 거라고.

2. 학급 규칙 정하기

첫날은 아이들과 긴 시간을 할애해 1년 동안 지킬 학급 규칙을 함께 정한다. 규칙을 함께 정하는 이유는 스스로 정한 것에 대해서는 좀 더 책임감을 가지고 실천하려는 경향이 있고, 또한 자신이 어떤 행동을 하면 어떤 결과가 따를지 예상하고 거기에 맞게 행동할 수 있기 때문이다. 조금 힘들기는 하지만 규칙은 굉장히 자세하게 정하는데, 이렇게 정해놓으면 교사가 화를 낼 일이 현저하게 줄어든다.

예를 들어, 전에는 아이들이 숙제를 안 해오면 기분에 따라 봐

주기도 했다가 화를 내기도 했다가 규칙을 일관되게 적용하지 못했던 경험이 있었다. 하지만 규칙을 자세히 정해놓으면 교사나 아이들이나 그 규칙에 맞게 행동하면 된다. 교사도 규칙을 지킴으로써 공정함과 일관성을 유지할 수 있는 것이다.

규칙을 정하는 과정에서 주의할 점은 아이들이 아직도 규칙을 어기면 벌을 주자는 의견을 많이 제시하는데, 그것을 올바른 방향으로 수정해주어야 한다는 것이다. 숙제를 안 해오면 벌을 주는 것이 아니라 숙제를 못한 만큼 공부를 못한 것이니 그 부분을 보충할 기회를 다시 주어야 하며, 친구와 싸웠으면 관계를 회복할 기회를 주어야 하는 것이다.

아이들과 공을 들여 만든 규칙은 바로 문서로 작성해 교사와 학생이 서명한 후 가정으로 보낸다. 가정에서 부모님에게 잘 설명해드린 다음 서명을 받아오도록 한다.

[아이들과 함께 정한 학급 규칙]

> **학교에 왔어요**
> 1. 9시까지 등교합니다. 일찍 왔을 경우에는 학교 도서실에서 책을 봅니다.
> 2. 핸드폰은 교실에 들어오기 전에 끄고 모든 수업이 끝나면 켭니다.
> 3. 신발주머니는 끈이 안쪽으로 오게 놓아둡니다.
> 4. 교실에 들어오면 선생님께 다가와 공수 인사를 합니다.
> 5. 교과서는 숙제가 있는 경우를 제외하고 사물함에 두고 다닙니다.
> 6. 수업 전에 책 한 권과 교과서를 시간표 순서대로 책상 안에 챙겨두고 가방은 사물함이나 의자 뒤 등 통행에 방해되지 않도록 둡니다.

7. 과제물과 안내장에 있는 신청서 등을 제출해요.

8. 기본 학습 준비물은 잘 챙겨 언제나 준비물 주머니에 넣어 책상 옆에 걸 어둡니다(색연필, 사인펜, 테이프, 자, 풀, 가위).

9. 9시부터는 선생님과 함께 책을 읽습니다. 늦지 않게 오기 바랍니다.

공부 시간이에요

10. 수업 중에 해야 할 일을 먼저 끝냈을 경우에는 책상 안에 미리 넣어둔 책을 읽어요(수업 중 책을 가지러 가지 않아요).

11. 수업 중 해야 할 일을 다 못 끝냈을 경우에는 다음 쉬는 시간에 하거나 남아서 꼭 끝내고 가요.

쉬는 시간이에요

12. 쉬는 시간에는 복도나 화장실에서 놀지 않고 교실에서 놉니다. 복도에서 뛰지 않고 두 번까지는 스스로 반성하고 세 번째는 특별 청소를 합니다.

점심시간이에요

13. 급식은 남기지 않고 먹어요. 먹기 힘들 경우 미리 이야기하고 조금만 받 아요. 식사 전후 감사 인사를 해요.

집에 가요

14. 집에 가기 전에 알림장을 쓰고 나의 학교생활 표시를 합니다.

15. 한 달씩 번갈아 청소 활동을 합니다(한 달 하고 한 달 쉬고). 특별한 사정이 있어 청소 활동을 못 하는 날은 친구에게 부탁하고 다음에 그 친구의 활동 까지 해줍니다.

기타

16. 과제(일기 포함)는 꼭 해오고 못 해왔을 땐 다음 날까지 꼭 해옵니다. 그 다음 날에도 해오지 않았을 경우에는 남아서 하고 갑니다(쉬는 시간에 하는 경우는 인정 안 함). 숙제를 하다 만 경우, 집에 놓고 온 경우, 책을 학교에 놓고 가서 못 한 경우는 숙제를 안 한 것으로 합니다. 다음 날까 지 꼭 해옵니다.

17. 일기는 1주일에 2회 이상 씁니다(매주 월 제출).

18. 교과서를 가져오지 않은 경우 짝과 함께 보며 공책에 정리해 쓰고 집에서 다시 교과서에 써옵니다. 세 번 이상 반복하면 쉬는 시간 한 번 없기.

19. 학교에 용돈이나 특이한 물건 등은 가져오지 않습니다.

20. 컴퓨터 게임이나 핸드폰 게임은 부모님과 약속한 시간에만 합니다. 학교 안에서는 방과 후라도 핸드폰 게임은 하지 않습니다.

21. 올 1년 동안 집안일 한 가지를 정해 매일 합니다(수저 놓기, 신발 정리, 실내화 빨기 등).

22. 매달 말에 부모님께 나의 학교생활 사인을 받아옵니다.

23. 친구 간에는 상처 주는 말이나 행동을 하지 않습니다. 다툼이나 폭력이 발생했을 경우 싸운 친구와 1시간 동안 짝꿍 하고 방과 후 상담 활동에 참여해 친구와의 관계를 회복하는 시간을 갖습니다.

24. 상점 스티커 기준: 하루에 발표 두 번 이상 하면 스티커1, 학교장상을 받으면 스티커2, 청소 활동 1주일에 스티커1, 숙제해오면 스티커1, 평가에서 100점을 받으면 스티커1, 친구들을 위해 봉사활동을 하면 스티커1

25. 선생님께 수다를 많이 떱니다.^^

26. 언제나 웃고, 즐거운 것을 생각합니다.

♬ 즐거운 학급을 만들기 위해 여러분 스스로 정한 약속을 꼭 지켜요~

아동 동의		교사 동의		부모님 동의	

3. 도덕성의 비밀

《에스퀴스 선생님의 위대한 수업》이라는 책을 감명 깊게 읽었다. 레이프 에스퀴스라는 미국의 초등학교 교사가 22년간 LA의

빈민가에서 90퍼센트가 극빈층이자 영어를 제2의 언어로 배우는 이민 가정 출신의 아이들을 훌륭하게 키워내는 감동적인 이야기이다.

에스퀴스 선생님은 학생들이 바르게 행동하는 교실 문화를 만들기 위해 수업 첫 시간에 학생들에게 콜버그(Lawrence Kolhberg)의 도덕성 발달 6단계를 가르친다고 한다. 나 역시 이 생각에 전적으로 동의하며 몇 년간 시도해본 결과 아이들의 행동에서 눈에 띄는 변화를 발견했다.

1단계: 처벌 회피

혼나거나 꾸중을 듣지 않기 위해서 규칙을 지키는 단계이다. 선생님께 혼나지 않으려고 숙제를 하고, 엄마에게 혼나지 않기 위해 공부한다. 이는 역으로 말하면 처벌만 피할 수 있다면 얼마든지 옳지 못한 일을 할 수 있다는 말이 된다.

교사나 부모가 꾸중을 통해 아이의 행동을 교정하려고 할 경우, 아이들은 왜 그 행동을 해야 하는지 혹은 하지 말아야 하는지는 생각하지 않고 단지 꾸중하는 대상의 눈을 피하려고만 할 것이다.

학교에서도 흔히 나타나는 현상으로, 담임교사가 무서울 경우 아이들은 교사 앞에서는 매우 모범적으로 행동하지만 교사가 출장을 가거나 결근을 해 눈앞에서 사라지면 순식간에 엉망이 되어 버린다. 그동안 억눌렸던 감정과 에너지가 터져 나와 다른 반보다 더 심한 일탈 행동을 하는 것이다. 이 경우 아이들을 통제하는 방법은 하나이다. 담임교사에게 말하겠다고 협박하는 것이다.

처벌은 신속하게 행동을 교정할 수 있지만 결코 스스로 행동하는 사람을 만들지는 못한다. 담임교사가 무서워서가 아니라 스스로의 준거를 가지고 행동할 수 있도록 어른들은 이유를 설명하고, 격려하고 기다려주어야 한다.

아이들과 학급에서 이 단계에 해당하는 행동이 어떤 것인지 구체적으로 이야기를 나누어보았다. 아이들은 무심코 했던 행동들 중 많은 것이 이 단계에 해당된다는 것을 스스로 깨달았고, 이 깨달음과 동시에 아이들은 기특하게도 이 단계를 벗어나려고 스스로 노력했다.

가끔 혼을 낼 일이 생긴 경우에도 화를 내기보다 도덕성 발달 단계를 다시 한 번 상기시키며 "선생님은 너희들이 잘할 수 있을 거라 믿어."라고 이야기했을 경우, 그 효과는 훨씬 확실하고 지속적이었다.

2단계: 보상

사탕, 스티커, 용돈 등의 보상을 받기 위해 규칙을 지키는 단계이다. 행동의 동인이 보상이기 때문에 보상이 없으면 그 행동을 할 이유가 없는 것이다. 한때 대부분 교실에서는 스티커판을 볼 수 있었다. 사물함에 아이들 각자의 스티커판을 공개적으로 붙여 놓고 아이들이 스티커를 받을 때마다 붙이게 했는데 여기에는 두 가지 문제점이 있다. 옳은 행동의 동인을 밖에서 찾게 한다는 점,

더 심각한 것은 남과 나를 비교하게 한다는 점이다.

요즘은 스티커를 통해 행동을 통제하거나 격려하는 방법은 지양되고 있으나 여전히 "~하면 ~해줄게."와 같은 지도 방법은 흔하고도 유용하게 쓰인다. 학년이 어릴수록 아이들은 사탕 하나, 스티커 하나에 목숨을 건다. 보상은 흔히 경쟁을 동반하는데 "제일 ~한 사람에게 스티커를 줄게."라는 교사의 지시와 동시에 아이들은 서로 적이 되고, 그 스티커를 얻기 위해 과도한 노력을 기울인다.

교사들은 안다. 이것이 얼마나 효과적인 통제 방법임을.

하지만 우리는 아이들의 도덕성 발달을 위해 조금 더 고민해야 한다고 생각한다. 이러한 문제점에도 불구하고 우리 교실에는 스티커판이 존재했는데, 보상의 방편이기는 했으나 조금은 다른 의미였다.

스티커판 사용 방법을 설명하면서 아이들에게 《무탄트 메시지》라는 책에 나오는 내용을 소개했다. 이 책에는 '호주 원주민 '참사람 부족'이 문명인에게 전하는 메시지'라는 부제가 붙어 있는데 미국의 백인 여의사가 넉 달 동안 원주민들과 사막을 방랑하면서 알게 된 그들만의 지혜를 전하는 내용이다.

이 책에서 무척이나 인상적이었던 부분은 백인 여의사가 생일 파티에 대해 이야기하자 그들이 보인 반응이었다.

"왜 그렇게 하죠? 축하란 무엇인가 특별한 일이 있을 때 하는 건데, 나이를 먹는 것이 무슨 특별한 일이라도 된다는 말인가요? 나이를 먹는 데는 아무 노력도 들지 않아요. 나이는 그냥 저절로 먹는 겁니다."

여의사가 물었다.

"나이 먹는 걸 축하하지 않는다면, 당신들은 무엇을 축하하죠?"

그러자 그들이 대답했다.

"나아지는 걸 축하합니다. 작년보다 올해 더 훌륭하고 지혜로운 사람이 되었으면 그걸 축하하는 겁니다. 하지만 그건 자기 자신만이 알 수 있습니다. 따라서 파티를 열어야 할 때가 언제인가를 말할 수 있는 사람은 자기 자신뿐이지요."

아이들에게 이 이야기를 하면서 남과 비교하지 말고 자기 자신이 성실하게 생활하는 것에 대한 보상으로 스티커를 받자고 이야기했다. 일단은 회의를 통해 공통적으로 스티커를 받을 수 있는 행위를 정했고, 개별적으로는 자신이 정한 목표를 실천했을 때 스티커를 받도록 했다. 스티커를 받고 안 받고는 개인의 선택이었고, 개별 스티커를 받는 것 역시 선택이었다.

아직 아이들인지라 물질적인 보상도 필요하리라 생각해 아이들 숫자만큼 작은 선물을 준비했다. 모두의 것이 준비되어 있으니 남과 경쟁하지 말고 스티커판이 다 채워지면 자신을 칭찬해주는 의미로 선물을 주라고.

어떤 아이는 자신이 책을 잘 읽지 않기 때문에 책 읽기를 목표로 실천할 때마다 스티커를 받고 싶다고 말했고, 어떤 아이는 욕안 하기를 목표로 삼아 스티커판을 채워나갔다.

스티커라는 보상을 교사가 주는 것이 아니라 스스로를 칭찬하는 도구로 활용한다면 충분히 활용할 가치가 있다고 생각한다.

가끔 아이가 시험에서 100점을 맞으면 만 원을 주기로 했다거나 게임기를 사주기로 했다는 등 공부하는 이유를 외적인 것으로 돌리게 하는 부모들을 본다. 처벌과 마찬가지로 보상도 자꾸 수위가 높아지지 않으면 만족감을 주지 못한다. 그보다는 왜 그 행동을 해야 하는지 충분히 납득할 수 있도록 대화하고, 격려하고, 믿어주는 것이 더 지속적이고 바람직한 행동의 변화를 불러올 수 있을 것이다.

3단계: 타인 기쁘게 하기

이 단계에 있는 아이들은 솔직히 참 예쁘다. 교사의 지시에 잘 따르고 늘 잘 보이려고 노력하기 때문이다. 아이들 수준에서는 이 정도만 되어도 훌륭하다. 하지만 이 단계에 계속 머무르면 수동적이 되거나 자신의 욕구를 억압하게 된다.

겉으로 보기에는 평화로운 상태처럼 보이지만 부모나 교사 등 자신이 잘 보이고 싶은 사람과의 관계가 좋을수록 아이들은 더 자신을 억압하게 된다. 특히 자신을 위해 많은 것을 희생하는 부모님과의 관계에서 죄책감이라는 감정과 엮이면 나쁜 결과를 초래할 수 있다.

자신의 내면보다는 상대방의 감정을 살피며, 상대방이 기쁨과 감사를 표현하지 않으면 '내가 뭘 잘못한 게 아닐까?' 하는 고민에 빠지게 되는 것이다.

공부를 왜 해야 하는가, 교통질서를 왜 지켜야 하는가, 복도에서 왜 뛰면 안 되는가에 대한 답은 자신 안에 그 이유가 있어야 한다. 나의 행동으로 인해 남이 기쁜 것은 결과이지 그것이 원인이 되어서는 안 된다는 것을 아이들이 이해하면 조금 더 의젓하게 행동할 수 있다.

4단계: 규칙 지키기

대부분 어른들이 이 단계가 된다면 사회는 평화로울 것이다. 규칙을 지키지 않는 어른들이 얼마나 많은가. 규모에 상관없이 공동체가 원활하게 유지되기 위한 규칙이란 게 존재하기 마련이다. 한 나라를 평화롭게 유지하기 위해서 헌법이 존재하듯 각 학급에는 학급 규칙이 존재한다. 규칙의 사전적 의미는 '여러 사람이 다 같이 지키기로 작정한 법칙 혹은 제정된 질서'로, 규칙의 준수를 위해서는 그 규칙에 대한 동의가 필수적이다. 따라서 헌법을 개정할 때도 국민투표라는 복잡한 과정을 거치는 것이고, 30명 남짓의 초등학교 교실에서도 학년 초가 되면 학급 규칙을 정하는 시간을 마련해야 하는 것이다. 규칙을 정하는 데 참여한 사람이 그 규칙을 더 열심히 지키기 때문이다.

하지만 문제는 모든 규칙이 반드시 옳은가, 공공의 선을 위한 방안인가 하는 것이다. 교사 주도로 만들어진 규칙 중에는 지나치게 아이들의 경쟁을 유발하는 것도 있고, 아이들의 도덕성 수준을 순식간에 1단계로 떨어뜨리는 혹독한 것들도 있을 것이다.

규칙을 지키는 것은 분명 훌륭한 일이지만, 규칙 자체가 잘못되어 있을 때 얼마나 큰 재앙을 초래하는지 알려주는 일화가 있다.

한 나라의 군인으로서 상부의 지시를 충실하게 수행하고, 맡겨진 일에 최선을 다했던 한 남자가 퇴근길 버스 정류장에서 체포되어 예루살렘의 법정에 서게 된다.

그의 이름은 아돌프 아이히만. 그는 나치 독일이 점령한 지역에 있던 유대인을 수용소로 실어 나르는 수송부서의 책임자였다. 그가 '창의적'으로 생각해낸 가스실이 설치된 열차 '덕분에' 수많은 유대인이 열차 가스실에서 죽음을 맞았다.

유대인의 학살을 체계적으로 추구한 나치의 '최종 해결책'을 열정적으로 실행에 옮긴 아이히만은 양심의 가책을 받은 적이 없는지 묻는 법관에게 "나는 내가 명령받은 일을 하지 않았다면 양심의 가책을 받았을 것"이라며 "나는 괴물이 아니다. 나는 그렇게 만들어졌을 뿐이다.", "나는 오류의 희생자다."라고 주장했다.

그를 지켜본 여섯 명의 신경정신과 의사들은 그를 정상으로 판정했고, 가족이나 친구에 대한 그의 태도, 그의 모든 정신적 상태가 '정상일 뿐만 아니라 바람직함'을 발견했다.

이 재판을 지켜본 〈뉴요커〉의 특파원 한나 아렌트는 《예루살렘의 아이히만》이라는 책에서 악의 평범성에 대해 언급하며 다음과 같이 이야기한다.

그는 자신의 개인적인 발전을 도모하는 데 각별히 근면하다는 것을 제외하고는 어떤 동기도 갖고 있지 않았다. 그리고 이러한 근면성 자체는 결코 범죄적인 것은 아니다.

그로 하여금 그 시대의 엄청난 범죄자들 가운데 한 사람이 되게 한 것은 순전한 무사유(sheer thoughtlessness)였다. 이러한 무사유가 인간 속에 존재하는 모든 악을 합친 것보다도 더 많은 파멸을 가져올 수 있다는 것, 이것이 사실상 예루살렘에서 배울 수 있는 교훈이었다.

아무리 절대 권력의 명령이라 하더라도 스스로의 판단에 따라 옳지 않은 것은 '아니'라고 말할 수 있어야 한다.

세월호 참사의 비극을 겪으며 순종만 하는 아이들을 길러서는 안 되겠다는 생각을 참 많이 했다. 언제나 '왜 이것이 옳은 일인가?', '나와 모두를 위한 일인가?'를 끊임없이 물을 수 있는 아이들로 길러야 한다. 그러기 위해서는 교사로서의 내 권위가 도전받는 상황을 기꺼이 감수할 수 있어야 하고, 아이들에게 자신의 생각과 판단이 존중되고 받아들여지는 경험을 주어야 한다.

5단계: 배려

배려란 남을 보살펴주거나 도와주려고 마음을 쓰는 것이다. 이것은 적극적인 의미이고, 소극적 의미에서는 남에게 피해를 주지 않는 것도 배려라고 할 수 있을 것이다.

배려를 위해서는 먼저 타인에 대한 관심과 상대의 입장을 이해하는 공감 능력이 중요하다. 서양에는 황금률이라는 것이 있다.

성경에서 유래한 말로 '남에게 대접을 받고자 하는 대로 너희도 남에게 대접하라.'는 것이다. 이를 바꾸어 말하면 '네가 하기 싫은 일은 남에게도 시키지 마라.'라고 할 수 있을 것이다.

에스퀴스 선생님의 위대한 수업에서는 배려를 가르치기 위해 반 아이들에게 《앵무새 죽이기》의 한 부분을 읽어주는 장면이 나온다.

> "그 사람의 관점에서 사물을 보지 않는 한 결코 어떤 사람도 진정으로 이해할 수 없단다. …… 그 사람 속으로 들어가 그 사람이 되어보지 않는 한 말이야."

6단계: 나만의 행동 양식을 따르는 행동과 사고

이 단계는 한마디로 옳다고 믿는 일을 하는 것이다. 도덕적 원리에 따라 스스로 선택한 양심적인 행위가 올바른 행위라고 본다.

콜버그는 '하인츠의 딜레마'라는 도덕적 문제를 통해 사람들의 도덕성 발달 단계를 확인했는데, 남편 하인츠가 아픈 아내를 위해 약을 훔치는 일이 도덕적으로 올바른 일인가에 대한 물음이다.

6단계에 도달한 사람들은 이 물음에 대해 관습보다 인간의 생명이 무엇보다 우선되어야 한다고 생각한다는 것이다.

아이들에게 도덕성 발달 단계를 지도할 때는 설명만으로는 어려운 개념이라 '하인츠의 딜레마'를 이용해 도덕성에 대해 고민하며 이해하는 과정을 거쳤는데, EBS의 〈다큐프라임〉 '아이의 사생활-도덕성' 편을 활용했다. '아이의 사생활 도덕성' 편은 도덕지수가 높으면 왜 행복해지는지를 과학으로 보여준다. 동영상에서는 도덕성 지수가 보통인 아이들과 높은 아이들 그룹에 대한 다양한 실험이 나오는데 그중에서도 눈 가리고 과녁 맞히기 게임이 무척 인상적이었다.

아이에게 눈을 가리고 공을 던져 과녁을 맞히면 개수에 따라 상품을 주겠다고 제안한 후, 잠깐 자리를 비울 테니 게임하고 있으라고 말한다. 도덕성이 높은 아이들은 정말 우직하게도 반칙을 하지 않았고, 보통의 아이들은 선물이라는 유혹에 아주 쉽게 굴복해 처음부터 안대를 내리는 경우가 많았다.

여기서 우리는 '이 거친 세상을 헤쳐나가기 위해서는 반칙이라는 이름의 융통성이 필요한 것이 아닐까?' 하는 의문을 가진다. 대답은 간단하게 '아니오'이다.

도덕지수가 높은 아이들은 '내 삶은 정말 좋다.'라는 미래 긍정의 문장에서 높은 점수를 주었다. 또한 '지능도 노력하면 좋게 만들 수 있다.', '안 좋은 일이 생길 때 더 나아질 것이라고 기대한다.', '다른 사람이 포기하더라도 나는 그 문제를 해결할 수 있다.'와 같이 삶의 만족도, 희망, 좌절 극복, 낙관성 등 우리가 살면서 정말 중요한 인성 요소에서 전부 높은 점수를 보였다.

그럼 어떻게 아이들을 도덕적으로 키울 수 있을까? 동영상에는 이 문제에 대한 충격적인 실험이 나온다. 아이들을 세 그룹으로 나눈 후, 똑같은 방에서 한 그룹의 아이들에게는 사람 모양의 풍선을 때리는 장면을 보여주었고, 두 번째 그룹의 아이들에게는 풍선을 사랑해주는 장면을, 세 번째 그룹에게는 풍선에 대해 무관심한 행동을 보여주었다.

그 결과, 공격 행동을 보여준 아이들 9명 중 7명이 공격 행동을 모방했고, 친절 행동을 보여준 아이들의 경우 7명 중 3명이 친절 행동을 모방했다. 공격 행동은 없이 무관심 행동을 보여준 아이들은 6명 모두 무관심 행동을 보였다.

이 영상을 보며 새삼 아이들에게 환경이 얼마나 중요한 것인지를 깨닫게 된다. 아이들은 어른이 하는 말이 아니라 어른이 하는 행동을 보고 배운다는 말이 있다.

입으로는 늘 남을 배려하라고 하면서 스스로는 동료 교사나 학생들을 배려하지 않는 교사, 아이들에게는 급식을 남기지 말라고 하면서 자신은 아무렇지 않게 남기는 교사, 아이에게는 책을 열심히 읽으라고 하면서 책 한 줄 읽지 않는 엄마, 게임하지 말고 공부하라고 하면서 하루 종일 스마트폰을 들여다보는 아빠. 아이들은 말이 아니라 행동을 모방하게 되는 것이다.

'아이의 사생활-도덕성' 편에 나온 문용린 교수의 말로 마무리하려고 한다.

> "인생의 마지막 마무리는 도덕성이다. 결국 인생의 마지막에서 중요한 것은 도덕적으로 얼마나 가치 있고 의미 있는 삶을 살았느냐 하는 것이다."

4. 3의 법칙

한 남자가 횡단보도 중간에서 하늘을 바라보고 서 있다. 그 옆을 지나가는 많은 사람 중 어느 누구도 그 남자에게 관심을 보이지 않는다. 두 번째 남자가 나타나 첫 번째 남자 옆에서 같은 행동을 한다. 이번에도 역시 지나가는 사람들은 그들에게 별 관심을 보이지 않는다. 다만, 이상하다는 듯 흘깃거리는 사람들이 몇 있을 뿐이다. 드디어 세 번째 남자가 등장해 앞의 두 사람과 동시에 아무것도 없는 하늘을 올려다보자 놀라운 일이 벌어졌다.

사람들이 갑자기 멈추어 서서 그 세 사람이 바라보는 텅 빈 하늘을 바라보기 시작한 것이다. 이렇게 3명에게는 상황을 바꾸는 힘이 숨어 있다.

스탠퍼드대학교 심리학과의 짐바르도 교수에 의하면, 3명의 사람이 모이면 집단이라는 개념이 생긴다고 한다. 그리고 그들의 행동이 특정한 목적을 가지고 있는 것으로 보인다고 한다. 왜 3명이 같은 행동을 하는지 거기에는 그럴 만한 이유가 있을 거라고 여겨진다는 것이다.

3의 법칙이 큰 힘을 발휘한 사건이 있다. 2005년 10월 17일 서울지하철 5호선 천호역. 한 승객이 지하철과 승강장 사이에 끼었고, 한 사람이 차량을 밀어보자고 외치자 처음에는 한두 사람이 가세하더니 나중에는 수많은 사람이 힘을 보태어 33톤에 이르는 지하철 차량을 움직여 그 승객을 구출한 것이다.

이 밖에도 사람이 트럭에 깔리자 힘을 모아 트럭을 들어 올려 사람을 구한 일 등을 사례로 들며 '인간은 상황에 지배당한다.'를 '인간은 상황을 지배한다.'로 바꾸어보자고 아이들에게 이야기했다. 3명 이상이 모이면 평소 혼자서는 할 수 없는 큰 힘을 발휘할 수 있으니, 우리 반 친구 모두는 더 나아가 제일 먼저 "전동차를 밀자!"라고 소리칠 수 있는 사람이 되자고 다짐했다.

아이들 왈, 제1의 법칙이란다.

5. 말의 힘과 비폭력 대화법

집단생활을 위해 우리는 기본적으로 의사소통을 해야 한다. 우리의 주요 의사소통 수단은 말이고, 말은 큰 힘을 갖는다. 먼저 아이들과 '욕의 반격'이라는 EBS의 〈지식채널e〉 동영상을 보았다.

초·중·고등학생의 73퍼센트가 사용한다는 욕. 욕은 이성적인 뇌의 활동을 마비시키고, 화를 내며 욕을 할 때 나오는 침이 만드는 갈색의 침전물은 쥐를 사망에 이르게 했다.
말하는 동시에 가장 먼저 듣고,
쓰는 동시에 가장 먼저 읽으며,
스스로 자신의 뇌에 상처를 입히는 욕.

욕은 남을 위해서가 아니라 자신을 위해서도 해서는 안 된다는 것을 동영상은 말해주었다. 또한 한글날 특집으로 KBS 아나운서실에서 밥에게 좋은 말과 욕설을 들려주고 비교한 동영상을 보았다. 실험의 객관성에 약간의 의심이 들었으나 아이들에게는 말의 힘을 직관적으로 느낄 수 있도록 하는 좋은 자료가 되었다.

작년에 학교에서 말과 관련해 비폭력 대화법 교사 연수를 받았다. 연수 내용은 좀 복잡하고 쉽게 실천하기 어려운 부분이 있었는데 이를 단순화해 아이들에게 지도했다.

- 1단계: 상황 설명하기(네가 허락도 없이 내 지우개를 가져가서)
- 2단계: 나의 감정 말하기(내가 원할 때 사용하지 못할까 봐 걱정이 돼)
- 3단계: 부탁하기(다음부터는 지우개를 잘 챙겨오거나 허락을 받고 내 물건을 사용해줄래)

여기서 주의할 점은 상대방을 비방하는 말을 하거나 '짜증 나, 화가 나'와 같은 강한 표현은 하지 않아야 한다는 것이다. 여러 가지 상황으로 연습을 했다. 말이 길어서 어색한 느낌이 든다. 큰소리치거나 폭력을 사용하지 않아도 사람은 누구나 생각할 수 있기 때문에 조곤조곤 이야기하면 문제가 해결된다는 것을 경험해야 한다. 쉽지 않은 일이지만 아이들과 노력하자고 다짐했다.

6. 아이들과 함께하는 운동장 놀이

엄마들은 흔히 말한다. "아이들은 잠잘 때가 가장 예쁘다."고. 교사인 나는 언제나 말한다. "아이들은 놀 때가 가장 사랑스럽다."고.

교실에서 수업을 할 때에는 몸을 비비 틀고, 꼼지락거리고, 인상을 쓰며 앉아 있던 녀석들도 운동장에 나가면 딴 사람이 된다. 운동장을 훨훨 누비며 축구를 하거나 아이들과 놀이에 몰두할 때면 얼굴에는 생기가 돌고, 두 눈에는 생명력이 가득하다.

그렇지. 저렇게 펄펄 뛰는 동해 바다 고래 같은 녀석들을 좁은 교실에 붙잡아두었으니.

그래서 학년 초 나는 언제나 아이들과 운동장에 나가 몸으로 놀아준다. 말이 필요 없다. 1시간이면 아이들은 1년 동안 내 편이 되어준다. 우리 선생님 '좋아요'를 마음속으로 꾹 누르는 것이다.

학기 중에도 틈틈이 아이들이 놀 수 있도록 시간을 주었는데, 노는 모습을 관찰하면 아이들의 성향과 교우관계를 정확하게 파악할 수 있다.

놀 수 있는 시간을 주면 남자아이들은 대부분 운동장에서 축구를 하는데 유독 두 아이만은 여자아이들과 놀이터에서 놀았다. 이 아이들은 섬세하고 다정한 성격으로 여자아이들 사이에서도 거부감 없이 받아들여지고 귀엽다는 평을 들었다.

이 경우 교사는 혹시 이 아이들이 남자아이들 집단에서 소외되는 것은 아닌지 내부 심리를 들여다볼 필요가 있다. 또한 그렇지 않고 본래 자신의 성향이라면 이에 맞게 아이들을 지도하고 이런 행동들이 학급에서 자연스럽게 받아들여지도록 분위기를 조성해야 한다.

나중에는 여자아이들 두세 명이 남자들이 하는 축구에 지속적으로 참여하게 되었다. 체육 시간에 배운 대로 여자가 골을 넣으면 2점이라는 규칙을 적용하며 여자아이들에게 적극적으로 골을 패스해주는 모습을 흐뭇한 마음으로 바라보았던 기억이 있다.

놀이 중에는 아이들의 성격이 여과 없이 드러난다. 승부욕이 강해 편법을 쉽게 동원하는 아이, 지면 참지 못하는 아이, 놀이는 즐기나 뒷정리는 전혀 하지 않는 아이, 놀이 중 문제가 발생하면 적극적으로 나서서 중재하는 아이, 넓은 아량으로 아이들의 의견을 다 수용하는 아이, 지혜롭게 협상하는 아이 등등.

수업 시간에는 쉽게 볼 수 없는 장단점이 놀이를 통해서 드러나는 경우가 많기 때문에 놀이 시간을 제공하고 관찰하다 보면 유용한 면이 많다. 또한 교사가 개입하지 않는 놀이 시간은 아이들에게도 부수적인 배움을 주는데, '싸우거나 다치지 않고 놀기'라는 대전제 아래 자유를 주면 아이들은 신기하게도 다툼이 격해지기 전에 스스로 조정하고 화해하는 모습을 보였다. 또한 누군가 위험한 행동을 하면 서로서로 주의를 주며 조심했다.

아이들의 이런 모습에 감동해서 놀이 시간이 끝나면 '고맙고, 예쁘다'는 칭찬을 많이 했다. 이 칭찬에 아이들은 더 의젓하고 바르게 행동하는 것으로 응답해주었다.

['함께 사는 세상' 차시 운영계획]

차시	과목	단원	활동 내용
1	창체	함께 사는 세상	자기소개, ICE BREAKING 게임
2	창체	함께 사는 세상	'함께 사는 세상' 주제망 짜기 – 1년 동안 평화롭게 함께 지내기 위해 필요한 일 생각하고 학습 계획 세우기
3~4	창체	함께 사는 세상	학급 규칙 세우기(스스로 학급 규칙 만들기)
5	창체	함께 사는 세상	도덕성의 비밀 – 도덕성의 발달단계와 도덕성이 높은 사람의 특성과 장점 알기 – 자료: EBS 〈다큐프라임〉 '아이의 사생활-도덕성' 편
6	창체	함께 사는 세상	3의 법칙 셋이 모였을 때 발휘되는 제3의 힘에 대해 알아보고, 1년 동안 평화롭고 행복한 학급을 위해 먼저 실천하는 실천 의지 다지기 자료: '3의 법칙'-EBS 〈다큐프라임〉 '인간의 두 얼굴-1부 인간은 상황에 지배당한다' 편
7	창체	함께 사는 세상	EBS 〈지식채널e〉 '욕의 반격', 한글날 특집 '말의 힘' 동영상 보고 이야기 나누기 – 비폭력 대화법 익히기, 나 전달법과 너 전달법
8~9	미술	4-1 보고 또 보고	친구 얼굴 관찰해 그리기 친구와 자기소개 하고 친구 얼굴 관찰해 자세히 그리기
10	국어		국어 진단 활동
11	수학		수학 진단 활동
12~13	창체	표준화 검사 (에니어그램)	에니어그램 표준화 검사로 자신과 친구 이해하기
14	창체	함께 사는 세상	회복적 서클 – 새 학년 다짐과 친구들에게 부탁하고 싶은 말
15	체육	함께 사는 세상	담임 선생님과 신나는 운동장 놀이하기

3장

꿈의 도시
과천 만들기

사회과는 교사의 재구성 능력과 노력이 많이 요구되는 교과이다. 교과서에 제시된 내용이 너무 간단해 교사들은 보통 유료로 동영상과 기타 자료를 제공하는 웹사이트를 활용하는 경우가 많다. 이번 주제통합학습의 중심 단원이 된 4학년 1학기 2단원 '도시의 발달과 주민 생활'은 도시의 지리적 특징과 문제점, 그리고 해결 방안으로서 신도시를 건설해보는 것을 중심으로 하는 단원이다.

도시가 발달하는 곳의 지리적 특징을 배우고 나면 공부하게 되는 도시의 문제점에 대해서는, 도시에 사는 아이들이 생활 속에서 겪으며 너무나 잘 알고 있는 내용이라 주로 도시문제 해결 방안에 주안점을 두고 재구성을 했다.

특히 도시문제의 해결은 지엽적인 차원이 아닌 큰 틀에서 보고, 미래지향적이고 지속가능한 방법으로 모색해보는 시간을 갖고자 했다. 이를 위해서 도시문제를 슬기롭게 해결한 세계적인 사례를 살펴보았고, 국내의 모범 사례들에 대한 현장체험학습을 했다.

이렇게 아이들이 도시문제를 해결한 사례들에 관해 공부하고 다양한 대안을 알게 한 후에는 새로운 시각으로 내 주변을 둘러보게 했고, 문제를 찾아 구체적으로 해결 방안을 모색해보는 시간을 가졌다. 문제점을 해결하기 위한 자신만의 대안을 국어과 '제안하는 글쓰기' 시간에 제안서로 작성해 시장님께 발송했다.

제안은 문제를 해결하기 위한 수단으로 누군가에게 직접 제안을 하여 문제가 해결되도록 하는 과정이다. 민주주의 국가의 주권자로서 내 주변의 문제에 관심을 갖고 적극적으로 문제 해결에 앞장서는 실천적 경험을 하게 해주고자 했다.

도시문제와 환경문제, 생태문제는 불가분의 관계라 이번 주제에서 많이 다루게 되었는데, 아이들이 좀 더 흥미롭고 직접적인 경험을 할 수 있도록 자전거 발전기를 빌려 체험하는 시간도 가졌다. 그 밖에도 학급 회의를 통해 '꿈의 도시 과천'을 위해 우리가 당장 할 수 있는 봉사활동이 무엇일지를 정해 실천하고, 국립과천과학관에서 대체에너지 실험도 해보았다.

1. 주제망 짜기: 생태도시 만들기

주제통합학습 첫 시간은 아이들과 내비게이션 역할을 하는 주제망을 짠다. 칠판에 커다랗게 '꿈의 도시 과천 만들기'라는 주제를 쓰고 나면 아이들은 눈을 반짝이며 무엇을 공부하게 될까 궁금해한다.

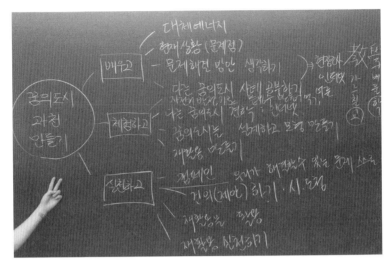

'꿈의 도시 과천 만들기' 주제망

 먼저, 아이들에게 꿈의 도시란 어떤 것인지 질문한다. 해저 도시, 달나라 도시 등 마음껏 상상의 나래를 펴는 것을 지구로 끌어와 내가 지금 살고 있는 이 도시가 꿈의 도시가 된다면 어떤 모습일까를 생각해보게 했다. 이것이 여의치 않으면 아예 주제를 '생태도시 ○○ 만들기'로 잡아도 좋을 듯하다.

 공기가 깨끗하고, 낡은 집 문제가 해결되고, 쓰레기가 없는 등, 많은 아이가 환경과 직결된 문제를 이야기했다. 이 정도까지 이야기가 정리되면 이제 아이들과 무엇을 배우고, 체험하고, 실천할지 구분해 계획을 세우는 것이 가능하다.

(1) 배우고

우리 도시를 꿈의 도시로 만들기 위해 우리가 배워야 할 것이 무엇인지 질문한다. 아이들의 의견을 다 수용하면서도 주제에서 벗어나지 않도록 유도하는 것이 교사의 기술인데, 허용적인 학급 분위기와 여러 번의 반복을 통해서야 의도하는 답을 얻을 수 있다.

우리 반 아이들은 교사가 의도한 대로 다양한 의견을 내주었는데, 현재의 문제점 찾기, 꿈의 도시 사례 조사하기, 문제 해결 방안 생각해보기 등이 있었다. 교사는 아이들의 의견을 정리해 칠판에 죽 적어나가면 된다.

(2) 체험하고

이번 주제와 관련해 체험하고 싶은 것이 무엇인지 질문한다. 아이들은 다른 꿈의 도시 견학하기, 꿈의 도시 모형 만들기, 재활용해 쓸모 있는 물건 만들기 등의 의견을 냈고, 교사가 자전거 발전기로 팥빙수 만들기를 해보자고 제안했다.

(3) 실천하고

학년 초부터 수업 시간에 늘 강조했던 것이 '실천할 수 있어야 참된 앎'이라는 것이었다. 주제와 관련해 우리가 실천할 수 있는 일이 무엇일지 질문했다.

캠페인, 우리가 해결할 수 있는 문제 찾아 스스로 해결, 시 · 도청에 건의하기, 재활용품 활용, 재활용 실천하기 등의 의견이 나왔다. 추후 학급 회의에서 개별 실천 이외에 단체 봉사활동을 정해 실천하기로 하고 마무리했다.

2. 중심 도서 읽기:《숨 쉬는 도시 꾸리찌바》

이번 주제의 중심 도서는《숨 쉬는 도시 꾸리찌바》이다. 《꿈의 도시 꾸리찌바》라는 책의 어린이용 버전이다. 내용이 너무 간단해《꿈의 도시 꾸리찌바》를 먼저 읽고 보충 설명을 해주며 주로 아침 시간에 읽어주었다.

안순혜,《숨 쉬는 도시 꾸리찌빠》,
파란자전거, 2004

박용남,《꿈의 도시 꾸리찌빠》,
이후, 2003

쿠리치바(Curitiba)는 브라질 남부 파라나(Paraná) 주의 주도로, 리우데자네이루에서 800킬로미터 떨어진 대서양 연안에 위치한다. 이 도시는 생태 환경 도시의 본보기로 주목받고 있으며, '지구에서 환경적으로 가장 올바르게 사는 도시', '세계에서 가장 혁신적인 도시', '세계에서 가장 현명한 도시'로 평가받고 있다. 쿠리치바 시민들도 자신들이 살고 있는 도시를 '브라질에서 가장 살기 좋은 도시', '거대한 숲속에 묻혀 있는 녹색 도시' 등으로 표현하며 자랑스러워한다.

쿠리치바는 16세기 중엽 포르투갈에서 온 이주민들이 모여 살면서 세운 도시로, 제2차 세계대전 후 제조업과 서비스업의 중심지로 성장했다. 그러나 쿠리치바도 개발도상국의 여느 도시들과 마찬가지로 급속한 인구 증가와 무질서한 개발로 환경오염이 심한 도시였다.

이 도시를 오늘날의 생태도시로 바꾼 것은 1971년부터 1992년까지 이 도시의 시장을 지낸 자이메 레르네르(Jaime Lerner)의 정책 덕분이었다. 건축가였던 레르네르 시장은 쿠리치바의 중심가에 보행자를 위한 도로를 만드는 사업을 전개했다. 단 며칠 만에 자동차 전용 도로가 보행자 도로로 바뀌었다.

당시 쿠리치바 시민들의 반대도 만만치 않았다. 차도가 보행자 도로로 바뀌던 주말, 보행자 도로를 차도로 돌리기 위해 차량 시위가 있을 것이라는 정보를 입수한 레르네르 시장은 새로 만든 보행자 도로에서 어린이 사생 대회를 열었다. 이로써 보행자 도로를 지켜낼 수 있었으며, 지금도 쿠리치바를 여행하는 사람들은 보행자 도로에서 그림을 그리는 아이들을 만날 수 있다.◆

● 전국지리교사연합회, 《살아있는 지리 교과서》2, 휴머니스트, 2011

다음은 책을 읽고 동영상을 보며 쿠리치바의 친환경 정책에 관해 아이들이 작성한 사전 학습지 내용이다.

◆ 녹색 교환의 날: 재활용이 가능한 쓰레기(빈 병, 폐휴지 등)를 모아서 가져오는 시민들에게 식품이나 학용품을 제공하는 것. 학교에 재활용 쓰레기를 가져오면 교재(책)나 인형, 초콜릿 등으로 바꿔준다. 빈민촌 곳곳에 대형 쓰레기 수거함을 갖다놓고 음식물 쓰레기봉투 5개를 가져오면 음식 바구니와 교환해준다. 이렇게 수거한 쓰레기는 재활용 센터에 보내고 다시 재사용하게 하는데, 재활용 센터에서 일하는 사람들은 장애인, 알코올중독자 등 어렵게 사는 사람들이다. 이러한 제도를 통해 도시의 환경을 보호하고, 쓰레기를 깨끗이 처리하며, 형편이 어려운 사람들을 도와줄 수 있다.

◆ 꽃의 거리: 매주 토요일, 보행자를 위한 전용 구역으로 지정되어 거리에 자동차가 다니지 않고 주차도 하지 않는다. 이곳에서는 '거리 미술제'가 열리며, 자원 봉사자들이 길거리 공연을 해, 시민들에게 편안한 휴식처를 제공한다.

◆ 예술 재활용: 사람들의 마음을 순화시키고 도시 환경을 아름답게 만들어주는 것으로, 이과수강과 그곳에 사는 동물들을 벽에 그리는 등 담벼락을 마치 미술관처럼 만들어준다.

◆ 작은 학교: 아이들은 쓰레기가 어떻게 재활용되는지 이곳에서 배운다. 아이들은 이곳에서 재활용 쓰레기로 바구니, 장난

감 등을 만들어 시 직영 상점에서 팔 수 있으며, 판매 수익금은 생일 케이크나 크리스마스 선물을 사는 데 쓰인다고 한다. 또한 이곳의 마당 한쪽 채소밭은 아이들이 음식물 쓰레기를 가져와 만드는 유기비료로 채소를 가꾼다. 이렇게 쿠리치바의 환경 교육은 어렸을 때부터 일상을 통해 자연스럽게 몸에 익히는 것이다.

◆ 색깔 버스: 빨간색 급행버스는 5개의 간선 축을 따라 운행하고, 녹색 버스는 도시를 동심원을 그리며 운행하는 지구 간 버스, 노란색은 시 외곽과 버스터미널을 연결하는 지선 버스다. 시민들이 완행버스에서 내려 급행 버스에 환승할 수 있는 중소형 원통형 버스터미널은 급행 노선을 따라 1.4~2킬로미터마다 설치되어 있으며, 버스를 타기 전 미리 돈을 지불해 버스 공회전 시간을 줄임으로써 연료 소비를 최대한 줄인다. 이러한 교통체계는 가장 싼 버스 요금으로 최고의 서비스를 제공하며, 사람들로 하여금 자동차 대신 대중교통을 이용하도록 만든다.

◆ 알코올 정책: 자동차 연료로 휘발유 대신 옥수수를 원료로 한 알코올을 사용하도록 해 환경오염을 줄이고자 한다.

◆ 지혜의 등대: 이 작은 도서관은 지역사회에 있는 시립 초등학교 근처에 건설되어 소수민족과 빈민들의 공부방이 되고 있으며, 밤이 되면 경찰관이 망루에 올라 지켜줌으로써 지역사회에 아름다움과 안전을 제공하는 '치안의 등대'로 변한다.

3. 미세먼지 바로 알기

도시문제 중에서 요즘 가장 심각한 것이 미세먼지가 아닌가 싶다. 실제로 미세먼지 때문에 운동장 수업을 할 수 없는 날이 많아졌고, 아이들은 점심시간에도 나가서 놀 수 없다는 사실에 힘들어한다. 이 문제는 사실 도시문제라기보다는 우리나라 전체가 처한 환경적 재앙인데, 특별한 관심과 노력이 필요하다는 생각에서 외부 강사를 모시고 '미세먼지 바로 알기' 수업을 했다. 미세먼지 관련 단체에서 무료로 강좌를 해주었는데, 수업은 다음과 같은 순서로 진행되었다.

① 미세먼지와 초미세먼지의 정의
② 미세먼지가 신체에 미치는 영향
③ 미세먼지 예방법
④ 미세먼지 마스크 고르는 방법과 착용법

특히 미세먼지 전용 마스크까지 아이들에게 배부해주어서 매우 유용한 수업이었다.

4. 도시문제의 종류와 발생 원인 알아보기

도시문제를 교통, 환경, 주택, 기타 분야로 나누어 발생 원인과 함께 알아보았다. 이 과정에서 유튜브를 통해 스티브 커츠의 〈맨 (MAN)〉이라는 동영상을 봤는데, 인간이라는 존재가 지구 환경과 생태계에 미치는 영향에 대해 깊이 성찰하게 만드는 영상이었다.

인간의 행태를 매우 함축적으로 보여주는 이 동영상은 우리에게 매우 많은 이야깃거리를 던져주었다.

5. 생태도시 사례 알아보기

도시문제를 해결할 수 있는 방안을 찾기 위해서는 여러 사례를 살펴보는 것이 중요했다. 그래서 쿠리치바를 비롯해 진 세계 생태도시들의 사례를 살펴보았다.

(1) 세계 녹색도시의 표본 독일 프라이부르크

녹색도시란 공해를 발생시키지 않고 생태계를 보존하기 위해 노력하는 도시다. 인간이 자연과 조화롭게 살아가도록 조성되는데, 도시 내에 녹지가 70퍼센트 이상이어야 한다. 또한 태양, 풍력 등 무공해 발전 기술을 이용해야 한다.

녹색도시는 식수와 생활용수를 따로 공급하는 중수도 시스템,

무공해 교통망, 도심 속 농경지, 무공해 첨단 시설 등을 갖춘 인텔리전트빌딩 등을 갖춘 도시 건설을 목적으로 한다. 다른 말로는 생태도시, 환경도시라고도 불린다.

독일의 프라이부르크는 1970년대 초반 원전 건설에 대한 시민 반대 운동과 에너지 절약 운동이 녹색도시로 변화하는 데 발돋움이 되었다. 원전 건설 반대 운동으로 핵에너지 사용을 철폐하고 태양에너지를 주 에너지원으로 삼아 전 세계 녹색도시의 표본이 되고 있다.•

EBS 〈원더풀 사이언스〉의 '탄소제로도시를 꿈꾸다' 편을 보면 프라이브루크의 사례가 자세히 나와 있다. 자전거 전용 도로가 잘되어 있어서 많은 사람이 교통수단으로 자전거를 이용하는 모습, 태양광 발전기를 지붕에 설치해 발전한 전기를 공장에 판매하는 모습, 터미널이나 역 주변에 무료 주차장을 마련해 자전거나 자가용을 두고 대중교통을 이용해 편리하게 시외로 이동할 수 있도록 한 Park & Ride 시설, 전철, 노면전차, 버스 등 대중교통 모두를 이용할 수 있는 대중교통 정기 이용권인 Regio-Karte 등이 그것이다.

(2) 스웨덴 예테보리

예테보리시는 다양한 친환경 정책을 펴고 있다. 그중 대표적인

• 국립생태원 블로그(blog.nie.re.kr/221045539647)

것을 소개해본다.

첫째, 대기오염을 저감할 수 있는 친환경 에너지 활용 정책을 실시하고 있다. 예테보리시는 폐열을 이용하거나 바이오매스 같은 재활용 에너지와 풍력, 태양, 천연가스 등 자연 에너지를 충분히 살린 독자적인 에너지 정책으로 주목받고 있다.

현재 예테보리시에서 쓰는 에너지의 70퍼센트는 정유공장과 쓰레기소각장 등에서 나오는 폐열을 이용해 얻은 것으로, 시내에 뻗어 있는 거대한 파이프를 통해 각 주택으로 보내져 난방이나 온수를 만드는 데 쓰인다.

이에 따라 1979년 90퍼센트에 달한 석유 의존율이 에너지 믹스(Energy Mix) 정책을 실현한 지금은 겨우 1퍼센트로 급격히 낮아졌고, 석유에 의존하는 시기는 한겨울뿐이다. 이 때문에 이산화탄소는 50퍼센트나 감소하고 유황은 거의 나오지 않는 등 대기오염이 획기적으로 개선됐다.

둘째, 생태 자동차 보급 정책을 실시하고 있다. 전기, 천연가스, 에탄올 등의 대체연료 사용에도 적극성을 보이면서 5년간 1만 대의 '생태 자동차(Eco-car)' 프로젝트를 진행하고 있다. 이를 위해 먼저 시의 직원들에게 생태 자동차를 타도록 하면서 시민들에게 홍보하고, 2~3년 안에 시가 소유한 1600대 차량의 절반을 생태 자동차로 바꾸는 것을 목표로 2003년 말 기준으로 800대를 확보해 이미 목표를 달성했다.

예테보리시에 자리 잡고 있는 볼보사가 5년간 1만 대의 생태 자동차' 프로젝트에 보급하려는 자동차는 천연가스나 바이오매스 등 대체 연료를 에너지로 사용한다. 또한 차량 운행으로 인해 이산화탄소가 기준을 초과하자 1996년부터 시내 중심부에 '환경 지대(Environmental Zone)'를 설정, 12년 이상 된 트럭의 진입 금지와 8년 이상 된 트럭의 경우 배기가스 규제용 촉매 컨버터와 먼지 여과 장치를 달도록 했다.

또 경유버스에도 질소산화물과 유황을 억제시키는 감소 장치를 설치하도록 해 '세계에서 가장 깨끗한 경유버스'로 운행되고 있다. '환경 지대' 설치로 일반 경유보다 황 함유량이 3000분의 1에 불과한 소위 '도시형 경유(환경 1등급 경유)' 시장이 형성됐고, 그 결과 경유 차량용 정화 필터 시장이 만들어졌다. 이 정책은 영국과 독일의 지방정부와 버스 회사들로 확산되고 있다.

셋째, '지방 의제 21(Local Agenda 21)'의 활성화 정책을 실시하고 있다. 예테보리시의 중심부에서 트럭으로 15분 정도 북동쪽으로 가면 베리푼 지구가 나온다. 베리푼 지구는 주민의 60퍼센트가 소말리아와 보스니아에서 이민 온 사람들로 지역 주민들과의 대립이 끊이지 않고 범죄율과 실업률도 높아 오랫동안 골칫거리가 되어왔다. 이에 1993년부터 시내 21개 지구에 '지방 의제 21'의 코디네이터를 배치해 각 지구에 알맞은 나무 심기 활동과 보육원을 만들고 재활용센터를 설치했다. '지방 의제 21'의 성공으로 환경이 가장 열악한 구(區)에서 '환경 지구'로 거듭난 곳이 베리푼이다.

환경 지구가 된 후 베리푼에서는 이민자와 지역 주민들 사이의 대립이나 범죄가 줄어들고 다른 지구로 이사하는 사람들도 줄었다. 시는 낡은 주택지를 수리·복구하거나 교통기관을 정비하는 등 각 지구의 주민들이 요구하는 사항에 부응하는 '지방 의제 21'을 추진하고 있다.

쓰레기 대책도 '지방 의제 21'에서 시민들이 해결을 촉구한 주요 과제다. 시는 1997년부터 시작한 쓰레기 관리 계획으로 시내 300군데에 재활용 스테이션을 설치해 9종류(색유리, 흰 유리, 신문, 잡지, 금속, 플라스틱, 의류, 건전지, 음식물)의 쓰레기를 선별 수거해 재활용하며, 시에 쓰레기 수거를 의뢰할 경우 연간 2500 크로나(약 300달러)를 징수하고 있다.

넷째, '녹색 조달' 및 환경 상품 구매 제도가 정착되도록 노력하고 있다. 예테보리시는 약 6만 명을 고용하고 있는 스웨덴에서 가장 큰 고용주 중의 하나이다. 이는 시 산하에 다양한 위원회(committee)와 30여 개에 이르는 기업(공사, company)이 존재하기 때문인데, 연간 약 6억 불에 달하는 구매력을 가지고 있어 '녹색 조달'의 정착에 유리한 측면이 있다.

예테보리시는 거래처를 선택할 때 상대 기업의 환경 항목을 체크하고 환경 활동에 힘을 쏟는 기업을 골라 계약하는 '녹색 조달'을 추진하고 있다. 이는 스웨덴의 다른 지역뿐만 아니라 독일과 네덜란드로까지 퍼져나갔다. 예를 들면, 종이 생산자는 환경적인 적정성은 물론 화학물질인 염소를 사용하지 않고 종이를 만들어야 한다.

예테보리시의 녹색 조달의 성과 중 하나는 천연가스와 바이오가스를 차량 연료로 사용함으로써 가장 선진적인 도시가 되었다는 점이다. 버스와 택시는 천연가스와 바이오가스의 가장 대규모 사용자이며, 지역의 폐기물 처리 회사인 레노바(Renova)는 천연가스와 바이오가스로 운행되는 차량 외에 경유 차에는 정화 필터를 장착함으로써 전 세계에서 가장 청정한 쓰레기 차량을 보유하고 있다.

또한 1980년대 후반부터 유해 환경 상품이 시장에 나올 수 없도록 불매운동을 펼치는 등 시민들에게 철저한 환경 교육을 실시하며 1990년에는 시민들에게 환경 핸드북을 보급해 환경친화적 상품이나 서비스를 선택하도록 호소했다. 환경 핸드북은 예테보리시의 '지방 의제 21'의 출발점이 되었다.

예테보리시의 녹색 소비자 운동은 환경을 해치는 세제는 사용하지 말도록 하는 등 시민 생활과 밀접한 상품에 대해 선택적으로 구매할 것을 호소하는 일부터 시작됐다.

다섯째, 녹색 구매 제도를 실시하고 있다. 여테보리시의 대부분 슈퍼마켓에서는 식품에서 세제에 이르기까지 'KRAV', '노르딕 스완', 'Good Environmental Choice' 등의 환경 라벨이 붙은 상품이 진열되어 있다. 2200여 개의 점포를 보유한 스웨덴의 대형 슈퍼마켓 체인점 이카(ICA)는 에너지 절약, 쓰레기 관리, 환경 라벨 상품 도입, 환경 교육에 힘쓴 105군데 점포를 '에코스토어(Eco-store)'로 인정하고 있다. 유기농 상품의 마케팅에 힘을 쏟는 에코

스토어에서는 상품의 17퍼센트에 환경 상품 라벨이 붙어 있다.

구체적인 결과를 목표로 하는 환경 분야의 사업을 통해 에테보리시는 거대 도시의 복잡한 구조와 강한 반대에도 불구하고 지속 가능성의 목표를 경쟁과 접목시킬 수 있다는 것을 증명하고 있다.

이런 접근법은 시가 구매하는 모든 제품에 대해 환경적 요구사항을 지키도록 강제함으로써 정착될 수 있었다. 조달품의 경우 환경성 분석을 위한 모델을 개발하고, 이 분석 모델에 적용하기 위한 구체적인 환경적 요구사항을 발굴하는 과정은 오늘날 도시의 모든 구매 과정에서 체계적으로 사용되는 절차로 자리 잡았다. •

(3) 영국 베딩턴의 베드제드 에너지 제로 하우스

런던 남단의 베딩턴에 세워진 선구적인 에너지 효율 도시인 제로 에너지 단지 베드제드(BedZED)는 영국 최초의 성공적인 환경 친화적 주택 단지이다. 환경 컨설턴트 회사인 바이오리즈널 리클레임드와 건축가 빌 던스터가 설계한 베드제드는 최적의 조건에서 최대한 에너지를 절약한다는 단순한 아이디어를 기본으로 했다. 이 단지는 82개의 아파트 주택, 복층 아파트, 타운하우스, 그리고 복지회관과 탁아소를 포함한 작업 공간으로 이뤄졌다.

베드제드의 최우선 목적은 소모되는 만큼의 에너지를 스스로 만들어내는 공간으로 설계하는 것이었다. 주택들은 전체적으로

• 《환경미디어》, 〈외국의 환경우수도시, 스웨덴 예테보리〉, 2004. 10. 25

20도 기울어진 남향으로 지어졌으며, 지붕에는 광기전성 패널과 환기탑이 여러 군데 설치되었다. 주거 공간은 대부분 앞에 펼쳐져 있는 정원 너머 남쪽을 바라보도록 배치되었고, 삼중으로 된 지붕의 채광창을 통해 실내로 들어온 고에너지의 일광은 오랫동안 보존되어 에너지 효율을 높이는 역할을 했다.

주택 건설에는 부분적으로 재생 목재가 사용되었고, 이 외에 사용된 재료들도 모두 재생산된 지역 생산품이었다. 그중 사용된 강철의 90퍼센트는 브링턴 철로를 재활용한 것이었다.

주택은 연달아 여섯 채 이상 나열해서 짓지 못하도록 했으며, 주택 사이에는 충분한 여유 공간을 두어 거주민들이 걷거나 자전거를 이용해 편히 지나다닐 수 있도록 했다. 보행자를 중시하는 환경 친화적인 운송 설계에 따라 자가용은 이 지역의 일정 경계선까지만 들어올 수 있도록 제한했다. 이뿐 아니라 모든 주택에는 물과 쓰레기를 재활용할 수 있는 시설과 나무조각들을 태워 에너지를 공급할 수 있도록 열과 전력을 결합하는 시설도 함께 설치되었다.●

〈하나뿐인 지구 도시에서 생태를 꿈꾼다〉라는 다큐를 보면 베드제드에 적용된 기술이 잘 나온다.

① 건축 재료는 30킬로미터 이내에서 얻기

● 마크 어빙 · 피터 세인트 존, 《죽기 전에 꼭 봐야 할 세계 건축 1001》, 마로니에북스, 2009

② 바람의 힘만으로 환기하는 장치

③ 단열을 돕는 잔디 지붕

④ 태양열 조명

⑤ 태양열 집열판 지붕과 벽

⑥ 두꺼운 3중창과 단열 벽

⑦ 태양열로 전기를 만들어서 전기차 운행

⑧ 빗물을 받아서 화장실이나 정원에 이용

6. 하천 살리기 성공 사례: 양재천의 역사와 생태

도시에서 생태하천을 성공적으로 복원한 대표적인 사례가 바로 우리 학교 옆에 있는 양재천이다. 보통 청계천과 많이 비교되는데, 둘 다 도시화가 진행되며 복개되었다가 복원된 모습은 전혀 달라 시사점을 얻을 수 있다. 양재천은 자연형 하천으로 식생 호안으로 되어 있다. 식생 호안은 물과 맞닿는 부분을 돌, 나무, 갈대, 갯버들 등 자연 재료를 이용해 조성하는 방법으로, 수질 정화 효과는 물론 물고기가 살 수 있도록 그늘을 제공하는 등 하천 생태계의 복원에 효과가 크다. 또한 홍수에도 안전하며 하천 경관을 개선하는 역할을 한다고 한다.

아이들과 양재천을 산책하다 보면 철마다 피어나는 예쁜 꽃들과 물고기, 자라, 왜가리 등을 쉽게 볼 수 있다. 물론 양재천 역시

아이들이 생태계 파괴 외래종의 하나인 '환삼덩굴'을 제거하고 있다.

자연 하천이 아니라 인공적으로 물을 흘려보내야 하는* '자연형 하천'이지만 도시 개발이라는 한계 속에서 취한 바람직한 선택이라는 생각이 든다. 양재천을 따라 걷다 보면 이 복잡한 거대도시에서 살아 있는 자연을 본다는 것이 얼마나 행복한 일인가를 새록새록 깨닫게 된다.

도시 개발에 방해가 된다고 콘크리트로 덮어버리고 하수도처럼 쓰던 시절과 비교해가면서 도시문제 해결의 대안으로 생태하

---

* 과천시 양재천(공수천)의 발원점인 관악산은 암반층이 주를 이루고 청계산은 급경사지로 형성되어 우기에 급격하게 수위가 상승하며 평시 및 갈수기에는 수위가 급격히 저하돼 생태하천으로 유지되기가 어려운 상류 지역이다. 따라서 친환경 친수 하천에 필요한 용수를 확보하고자 다방면으로 연구하고 있으나 현재로서는 가장 경제적인 한국수자원공사의 원수를 받아 하천수로 방류하고 있다. 방류량 6000~7000톤/일, 방류 시간 09:00~21:00(계절별 시간 조정), 과천시청 홈페이지 참조

천을 살펴보았다. 이 수업은 외부 단체의 지원을 받았는데, 시시때때로 요청이 들어오는 외부 수업을 어떻게 활용할 것인가에 대한 좋은 예가 될 것 같아 소개한다.

과천시에 소재한 초등학교들은 과천시 기후변화센터에서 기획한 수업을 정례적으로 듣곤 했다. 3~4월이 되면 기후변화센터로부터 수업을 신청하라는 공문이 온다. 물론 주제는 정해져 있고 매년 내용도 비슷하다. 적당한 시기에 신청하면 반별로 강사가 와서 PPT와 동영상을 이용한 수업을 해준다. 수업의 질은 강사에 따라 천차만별이고 사전에 검증하기 어려우며 다른 수업들과 동떨어져 있다. 사실 새 학년도 교육과정이 2월이면 대부분 편성되기 때문에 3~4월 신청은 매우 뒤늦은 감이 있다.

그래서 이번에는 관습적으로 해오던 주제를 버리고, 우리 학년의 교육과정에 맞게 수업 내용을 구성하여 사전 협의할 것을 요청했다. 도시에서 생태하천을 복원한 성공 사례로서 양재천의 역사와 생태를 주제로 양재천에서 야외 수업을 해줄 것을 요청한 것이다. 양재천의 역사는 교실에서 이론 수업으로 본교의 수석교사에게 부탁해 진행했고, 기후학교 수업은 양재천의 생태에 관한 현장수업이 되도록 부탁했다. 그러면서 우리가 '꿈의 도시 과천'으로 진행하고 있는 주제통합학습의 전체 진행 과정과 계획에 대해 말씀을 드렸다.

요청한 수업이 가능한지 내부 협의를 거쳐 연락해주겠다는 답이 왔다. 2주 정도 후에 수업이 가능할 것 같다고 대략적인 수업

안을 보내왔다. 그 수업안을 가지고 협의를 거친 후 실제 수업을
진행했다. 한 학급당 두 분씩 강사가 배정됐고, 네 가지 활동을 2
시간 동안 돌아가며 진행했다.

활동1. 양재천의 동식물 살펴보기
활동2. 양재천 수질 측정하기
활동3. 외래종 식물 제거하기
활동4. 정수처리 장치 만들기

수업 후에는 수업 내용에 관한 피드백을 주고받았는데, 활동이
너무 많아 시간이 부족했고, 양재천 주변을 천천히 둘러볼 여유를
갖지 못한 점이 아쉬웠다는 의견이 있었다. 다음 해에는 이런 점
을 보완해 더 재미있는 수업이 가능할 것이라고 생각한다.

7. 현장체험학습: 하늘공원, 서울에너지드림센터

[현장 체험학습 일정표]

일정	시간	활동
학교 출발	08:40~09:00	인원 점검 및 학교 출발
목적지 도착	09:00~10:00	버스에서 안전하게 가기
서울에너지드림센터	10:00~12:00	서울에너지드림센터 관람, 출발! 드림이 활동

점심시간	12:00~13:00	점심시간
하늘공원	13:00~14:40	관리사업소 전시물 견학, 하늘공원 견학
학교 도착	14:40~16:00	학교로 돌아와 하교하기

하늘공원과 서울에너지드림센터로 현장체험학습을 다녀왔다. 하늘공원은 흔히 난지도로 알려졌던 쓰레기 산이 있던 곳이다. 하늘공원은 도시의 쓰레기 문제와 이를 해결한 과정을 생생하게 볼 수 있는 좋은 장소이고, 서울에너지드림센터는 에너지 제로 하우스, 흔히 패시브 하우스라고 부르는 곳이다. 현장체험학습을 가기 전에 난지도의 역사와 패시브 하우스에 대해 미리 공부했다.

아는 만큼 보이는 법.

(1) 서울에너지드림센터

서울에너지드림센터는 국내 최초의 에너지 자립 공공 건축물이라고 한다. 사전에 신청을 하면 시설 관람뿐 아니라 다양한 프로그램에도 참여할 수 있는데 모두 무료이다. 센터 건물은 에너지를 절약하고 발전할 수 있는 시설들로 구성되어 있었는데 패시브 하우스를 직접 볼 수 있는 좋은 기회가 되었다. 아쉬운 점은 독일의 기술로 지어졌다는 것이다. 여러 가지 면에서 우리가 노력해야 할 점이 많다는 것을 깨달으며, 아이들에게 자라서 꼭 친환경 기술을 개발해줄 것을 당부했다.

누리집이 잘되어 있어서 건물에 적용된 기술, 난지도의 역사, 국

서울에너지드림센터 모형을 살펴보는 아이들

내외 패시브 하우스 사례 등을 사전에 충분히 공부할 수 있었다.

서울에너지드림센터의 전시관 해설을 들은 후 미래의 친환경 버스로 이동해 맹꽁이 전기차로 하늘공원 일대를 돌아본 뒤 마포자원회수시설을 견학하고 돌아오는 '신나는 에코투어', 서울에너지드림센터의 전시관 해설을 들은 후 미래의 친환경 버스로 이동해 수소스테이션과 마포자원회수시설을 견학하고 돌아오는 '이야기가 있는 에코투어' 외에도 '지구를 지켜라'와 '탄소 다이어트' 등 다양한 프로그램이 있다. 우리는 그중에서 '출발, 드림이'와 '에너지 런닝맨' 프로그램에 참여했다.

'출발, 드림이'는 보드게임 형식으로 에너지에 대해 배워보는 프로그램이고, '에너지 런닝맨'은 야외에서 다양한 게임을 하며 에

'에너지 런닝맨' 활동을 하는 아이들

너지와 환경에 대해 공부하는 프로그램이다. 에너지 소비량만큼의 짐을 등에 지고 게임에 참여하게 되는데 우리가 사용하는 에너지만큼의 무게가 너무 무거워 다들 놀라워했고, 아껴야겠다는 생각이 저절로 들었다. 센터 내부에서는 학급당 한 분씩 해설사가 시설을 설명해주어서 더욱 자세한 공부를 할 수 있었다.

(2) 난지도 하늘공원

난지도는 그윽한 향기가 나는 사귐을 나타내는 지란지교(芝蘭之交)라는 단어 속에 등장하는 난초(蘭蕉)와 지초(芝草)가 많이 자생하는 섬으로, 오리가 많아서 압도(鴨島), 풀과 꽃이 많아서 중초도(中草島), 10만여 마리 철새들의 겨울나기 관문이어서 문섬(門

島)으로도 불리는 아름다운 섬이었다.

행주산성까지 계속된 긴 샛강의 모래톱에서는 우리나라 땅콩의 30퍼센트, 수수빗자루를 만드는 수수가 70퍼센트나 생산됐다. 강 주변에 자리한 초가에서는 민초들의 삶이 이어졌다. 양반들은 놀잇배를 띄우기도 했다. 1940~50년대까지 미루나무 숲길은 연인들이 즐겨 찾는 낭만의 장소였으며, 신혼여행지로 유명한 섬이었다.•

1960년대에 들어서 서울의 인구가 폭증함과 동시에 늘어나는 쓰레기를 처리할 곳을 찾게 되었는데, 바로 난지도가 생활 쓰레기는 물론이고 잡다한 폐기물을 버리는 쓰레기 매립장으로 이용되었다. 1978년 시작된 쓰레기 매립은 1993년까지 15년간 서울특별시에서 발생하는 거의 모든 종류의 쓰레기를 매립했다.

쓰레기 매립장으로 사용된 것은 난지도 전체 면적인 82만 3000평(272만㎥) 중에서 57만 7000평(190만 7000㎥)이었다. 난지도에서는 쓰레기를 가져다 묻는 단순 비위생 매립 방식이 행해졌다. 연탄재가 많은 양을 차지하던 생활 쓰레기는 물론이고 건설 폐자재와 하수 슬러지, 산업 폐기물 등 온갖 종류의 쓰레기가 모두 매립되던 곳이다.

난지도를 쓰레기 매립장으로 사용하기로 하고 강변을 따라 콘크리트 둑을 쌓을 때는 일반적인 국제 규격인 45미터 높이까지

• 서울에너지드림센터 누리집 참조

매립할 계획이었다. 하지만 이 높이를 넘어선 뒤에도 새로운 매립장을 확보하지 못해 세계에서 쉽게 그 유래를 찾아볼 수 없는 높이인 95미터짜리 쓰레기 산 두 개가 생겨났다. 쌓인 쓰레기의 양만 8.5톤 트럭 1300만 대 분량인 9197만 2000m³에 이르렀다.

1980년대 후반 난지도 쓰레기 매립장이 과포화 상태에 이르자 악취와 먼지는 물론 심각한 공해 문제를 일으켰다. 1993년 매립장이 폐쇄되고 나서도 쓰레기가 썩으면서 발생하는 메탄가스, 황화수소가스, 메틸 메르캅탄류 가스의 악취가 지역을 떠나지 않고 감싸고 있었다. 생활 폐기물 중에서 유용한 재활용 물품을 찾아내어 생활하는 사람들이 이 쓰레기 매립장을 주변으로 생활근거를 삼기도 했지만 악취와 쓰레기 더미에서 흘러나오는 침출수로 생물이 살기에 부적절한 곳의 대표지로 인식되기도 했다.

1991년 경기도 김포에 수도권 쓰레기 매립지가 조성되면서 난지도로 반입되는 쓰레기가 현저하게 줄었고, 1993년 쓰레기 반입은 완전 중단되었다.

매립지에서 발생하는 가스는 하루 34만 4000m³에 달한다. 이 중 절반인 17만 2000m³의 메탄가스는 포집해 두 개의 쓰레기 산 사이에 건설된 가스발전소에서 연료로 사용하고 있다. 2020년까지를 목표로 쓰레기 산에서 발생하는 침출수와 악취를 처리하기 위한 안정화 공사가 진행되고 있다.

2002년 세계의 관심과 온 국민을 열광시켰던 한일월드컵을 앞두고 서울월드컵경기장이 들어서도록 계획되었다. 서울시에서는 월드컵경기장을 지으면서 동시에 난지도 매립지를 생태공원으로 조성하는 작업에 돌입했다. 1996년 12월부터 2000년 12월까지 쓰레기 산에서 발생하는 가스를 처리하기 위해 가스 추출공(抽出孔)과 수집 파이프라인 그리고 가스를 이용한 열발전소를 세우는 한편, 한강으로 흘러드는 침출수를 막기 위해 차수벽과 침출수 집정소, 처리장을 설치했다.

그렇게 악취 및 침출수 처리 대책에 더해서 서울월드컵경기장 주변을 친환경 요지로 변화시키려는 노력이 더해졌다. 하늘공원이라고 이름 붙인 공원 조성 사업이다. 이미 말한 것처럼 두 개의 쓰레기 산에서 발생하는 가스를 포집하기 위한 가스 포집관을 매설하면서 두 산을 두꺼운 막으로 감싸고 산의 평평한 정상 부분에는 큰 쪽의 산에 60센티미터, 작은 쪽의 산에 30센티미터 두께로 흙을 덮었다.

서울월드컵경기장과 가까운 쪽 큰 산에는 계절에 따라 색을 달리하는 꽃을 심어서 꽃과 억새가 어우러지는 '하늘공원'을 만들고, 작은 산에는 '노을공원'이라 이름 붙이고 대중 골프장을 조성해 시민들이 찾아올 수 있는 명소로 만들고자 했다. 쓰레기 썩은 물이 가득하던 샛강은 '난지천공원'이 되고, 서울월드컵경기장 남쪽의 넓은 터에 '평화의공원', 강변에는 '난지한강공원'을 만들어 말 그대로 친환경 공원 권역으로 탈바꿈시켰다.

친환경 월드컵을 표방한 서울시의 이러한 노력은 일단 성공을 거두어 세계인들에게 서울시가 환경을 사랑하는 정책을 펴고 있

하늘공원의 '하늘 계단'을 오르는 아이들

음을 알리는 역할을 했다. 시민들도 하늘공원을 바라보는 시각을
달리하게 되었을 뿐 아니라 공사의 효과도 나타나기 시작해 많은
종류의 식물과 동물이 쓰레기 매립장이었던 난지도로 다시 돌아
오기 시작했다.•

　서울월드컵공원 내에 위치한 월드컵공원 관리사업소에는 난지
도의 역사와 생태에 관한 다양한 자료가 전시되어 있어 하늘공원
을 올라가기 전에 미리 견학했다. 쓰레기 산의 단면 모형이 무척
충격적이면서도 인상적이었다.

　아이들은 학교에서 이미 난지도의 역사와 하늘공원 개발 과정

• 김정규, 《역사로 보는 환경》, 고려대학교출판부, 2009

에 대해 공부하고 왔기 때문에 별도의 설명 없이 주요 볼거리에 대해 미션을 해결하는 방식으로 체험학습을 진행했다. 예를 들어 다음과 같은 식이다.

▶Mission 4

하늘공원으로 올라가기 위한 하늘 계단의 총 개수는?

▶Mission 5

하늘공원의 각각의 장소를 방문해 모둠 사진을 찍어 인증 샷 보내기

1	하늘공원 표지석	2	풍력 발전기	3	꿀벌 포토존	4	하늘의 문	5	하늘공원 전망대

모둠별로 미션을 수행하며 다니는 아이들 틈에 끼어 나도 같이 노래를 부르고, 원두막에서 뒹굴거리며 행복한 시간을 보냈다.

하늘공원의 고도는 점차 낮아지고 있다. 쓰레기가 썩으면서 산이 주저앉기 때문이라고 한다. 표지석 근처에 고도를 표시하는 커다란 눈금이 있는데 원래 높이에서 많이 내려와 있는 것을 확인할 수 있었다. 인간이 배출한 이 쓰레기 산이 평지가 되려면 얼마나 걸릴까? 난초와 지초 대신에 이렇게 높은 쓰레기 산을 쌓아놓고 우리가 얻은 것은 무엇일까? 많은 생각을 하게 하는 현장체험학습이었다.

8. 해결 방법 구상하기, 모형 만들기, 제안서 보내기

이제 아이들은 자연 친화적인 마음과 우리가 사는 도시를 생태 도시로 바꾸겠다는 의지, 번득이는 아이디어로 무장했다. 각자 학교나 동네를 오가며 문제점을 발견하고 생태도시를 만든다는 관점에서 해결 방안을 생각해오기로 했다.

아이들은 다양한 아이디어를 가지고 왔다. 건물의 옥상에 농장을 만들어 채소를 키우고 단열 효과를 얻어 냉·난방비를 줄이자는 의견, 주유소에 자전거 발전기를 달아 손님이 직접 자전거 발전기를 돌려 주유를 하자는 의견도 나왔다. 환경보호를 실천하는 사람에게 에코 마일리를 주자는 의견, 음식물 쓰레기를 에너지로 만드는 시설 만들기, 양재천 주변에 공기정화식물 심기, 재건축으로 베어지는 나무를 과천청사 앞 광장에 옮겨 심기, 생태 빌라 건축 등의 의견도 나왔다.

이런 의견들을 모아 모둠별로 꿈의 도시 과천 모형을 만들어보았다. 모형을 만들 때 전제 조건으로 재활용이 가능한 재료, 자연의 재료를 활용하자고 제안했다. 지금까지 생태도시에 대해 배웠으면서 학습의 결과로 쓰레기가 잔뜩 나온다면 참된 배움이 되지 못할 것이다.

모둠별 모형을 작품 설명서와 함께 전시했고, 그 모습을 찍어 컬러로 인쇄한 후 주제통합 공책에 붙일 수 있도록 나누어주었다.

4학년 국어에서는 의견을 나타낸 글을 읽고 중심 생각 파악하

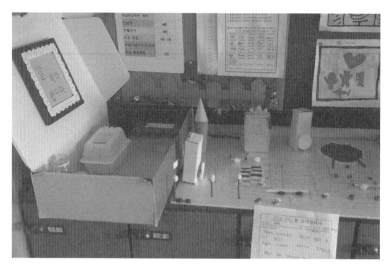

친환경 교통망을 자랑하는 3모둠 아이들의 '꿈의 도시 과천' 모형

기와 제안하는 글쓰기가 중요한 성취기준이다. 국어과는 도구 교과로 재구성을 해 다양하게 적용할 수 있다는 특징이 있다. 우리 반에서는 거의 모든 주제통합학습에 제안하는 글을 써서 담당 기관에 보내는 활동을 하며 실천하는 교육을 했다.

아이들은 그동안 배운 내용과 고민한 것을 토대로 '꿈의 도시 과천'을 위한 제안서를 시장님께 써 보냈다. 시장님께 제안서를 쓰기 전에 다양한 주제를 가지고 제안서 쓰는 연습을 미리 했다. 제안하는 글을 쓰는 방법을 알려주고 여러 가지 주제로 아이들이 연습 글을 쓰면 한 사람 한 사람 불러 꼼꼼하게 읽고 수정해주는 과정을 거쳤다. 학급당 인원수를 생각하면 시간이 많이 걸리고 교사로서 힘든 작업이기는 하나 아이들에게는 중요한 삶의 도구

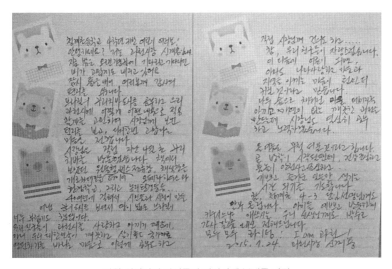
과천 시장님이 아이들의 제안서에 보내준 답장

가 될 글쓰기이기 때문에 정성을 기울여 피드백을 주었다.

"진짜로 시장님께 보낼 거예요?

"그럼."

"시장님이 정말 읽어보실까요?"

"그럼. 잘 읽어보시고 과천을 위해 활용하실 거야."

이번 주제는 한 해 전에도 실시했었는데 그때는 시장님께 답장이 왔었다. 그것도 손편지로. 시장님도 쿠리치바에 직접 다녀온 적이 있고, 많은 것을 배우고 느꼈다며 아이들에게 고마움을 전했다. 나는 그것을 주제통합 공책에 붙일 수 있도록 복사해 나누어 주었다.

제안서를 보내고 나서 몇 달 후, 과천시 곳곳에 현수막이 걸렸다. 과천시에는 십수 년 동안 공사를 하다 말고 방치된 우정병원이라는 건물이 있는데, 이곳의 활용 방안에 관한 시민 공청회를 연다는 내용이었다.

아니, 이럴 수가. 아이들이 보낸 제안서에 우정병원에 관한 것도 있었는데 혹시 아이들의 의견이 진짜로 시정 운영에 변화를 가져오게 한 것은 아닌지 신기하고 놀라웠다. 물론 우연의 일치일수도 있겠으나 아이들은 자신들이 과천을 바꿀 수 있다는 사실에 무척 흥분했다. 이러한 경험은 아이들에게 배움을 실천하게 만드는 원동력이 될 수 있을 거라고 믿는다.

9. 즐거운 불편: 탈핵 놀이와 대체에너지 체험

재작년에 이 주제를 운영할 때에는 생각하지 못했던 것인데 2년 연속 수업을 하다 보니 추가하는 것이 많아졌다. 주제를 마무리할 때가 되자 문득 몇 년 전, 우리 집 아이들이 어릴 때 성당에서 했던 특별한 활동이 생각났다.

원자력발전소에서 일어난 사고의 피해에 관한 사진전, 자전거 발전기를 돌려 팥빙수를 만들고 음악을 들었던 기억이 그것이었다. 이번 주제를 통해 아이들은 대체에너지와 지속가능한 발전 등을 여러 번 공부했지만 정작 대체에너지가 어떤 것인지 체험할 기회가 없었기 때문에 깊이 있게 받아들이기 힘들 거라는 생각이

들었다.

그래서 성당에 연락을 했다. 신부님도 바뀌고, 성당 사무실 분들도 바뀌어 어떤 활동이었는지 알기 어렵다고 했다. 낭패였다. 궁리 끝에 당시 성당 초등부 교감으로 활동했던 분에게 연락했다. 그분께서 말씀하길, 당시 신부님께서 환경 사목에 관심이 많아 직접 섭외한 활동이라 잘 모른다고 하였다. 그 대신 당시 신부님께서 명동에 있는 천주교 서울대교구 환경사목위원회로 가셨다고 그쪽으로 연락을 해보라는 정보를 주었다.

인터넷을 뒤져 연락처를 알아낸 후 전화를 걸었다. ○○ 신부님이 거기 계시는지, 나는 누구인데 몇 년 전 신부님께서 우리 성당에 계실 때 이러저러한 활동을 했노라고, 그 활동을 우리 초등학교 아이들에게도 경험하게 해주고 싶은데 가능하냐고 물었다. 그러자 그와 관련된 환경 교육 프로그램을 진행하고 있기는 하지만 주로 성당에서 진행하고 초등학교에서는 해보지 않았다고 하면서 관련 프로그램을 이메일로 보내주었다.

'지구야 놀자'는 초등학생들을 대상으로 한 생태 캠프 프로그램이고, '에코해요'는 원불교 환경연대에서 진행하는 에너지 캠핑카로 진행하는 프로그램이며, 예산은 1인당 6000원이면 가능할 것 같다고 했다. 단, 행사 당일 체험 부스를 진행할 수 있는 교사와 스태프가 있어야 행사를 진행할 수 있는데, 행사 전 실무자들이 교사들을 대상으로 사전 교육을 진행하고, 행사 당일은 교사들이 부스를 진행하는 형태로 운영해야 한다고 했다.

원불교 환경연대는 천주교 환경사목위원회와 연대하고 있으며, 필요한 프로그램과 장비를 요청해줄 수 있다는 이메일이 왔다. 환경을 생각하는 범종교적 연대. 멋졌다.

여러 번 전화 통화를 하며 우리가 진행하는 프로그램에 대해 말씀드리고 협조를 요청했다. 설명을 들어보더니 무척 좋은 프로그램을 운영하고 있다며 적극 도와주겠다고 했다.

우리는 자전거 발전기로 팥빙수 만들어 먹기, 천연 모기 퇴치제 만들기, 탈핵 게임을 하기로 했다. 천주교 측에서 직접 운영하는 것이 아니고, 교사 교육과 기구를 무상 대여해주는 것이기 때문에 우리가 할 일이 많았다.

문제는 자전거 발전기 두 대를 어떻게 옮겨오는가 하는 것이었는데, 교사들의 자가용이 너무 작아 자전거 두 대를 실을 수 없었다. 대안으로 교사들이 사비로 트럭을 빌리자는 의견이 나왔다. 우리가 이번 활동에 사용할 수 있는 학교 예산이 한정되어 있어 트럭 대여비를 예산에서 써버리면 정작 아이들의 활동비가 줄어들기 때문에 선생님들이 사비로 빌리자는 의견이 나온 것이다. 참 고마웠다. 그래도 학년부장으로서 사비를 털게 하는 것이 미안해 천주교 측에 전화를 걸어 현재의 상황을 말씀드렸다.

우리의 열정에 하늘도 감복하셨는지 자전거 발전기를 흔쾌히 그쪽에서 가져다주겠다고 했다. 그러면서 체험에 필요한 재료며 구매처, 운영 시 유의점 등을 일일이 알려주었다.

체험일 전날, 세 분이 자전거 발전기와 기타 활동 자료를 가지고 왔고, 우리의 사정을 듣더니 운영까지 해주기로 했다.

우리의 사정이란 다음과 같다. 우리 학년이 전부 6개 반이라서 1시간씩 돌아가면서 활동하게 되는데 담임 한 사람이 세 코너를 전부 운영하기에 어려움이 있었다. 특히 전부 활동 위주의 수업이라 보조 교사가 꼭 필요한 상황이었다.

결국 당일 두 분이 보조 교사로서 탈핵 게임과 천연 모기 퇴치제 코너를 운영해주었다. 모기 퇴치제를 담당한 분은 하루 종일 맡은 진한 허브 오일 향 때문에 눈이 빨갛게 충혈되었는데도 "아이들이 참 예뻐요."라며 정성을 다해 봉사했다. 그 모습이 무척 감사했다.

한 가지 재미있는 에피소드가 있다. 활동 전날, 자전거 발전기를 빈 교실에 배치해놓고 코너 활동을 준비하던 중, 빌려온 빙수기 코드를 어디에 꽂아야 할지 한참을 고민했다. 교실에는 콘센트가 앞쪽에만 있어 연결이 어려웠기 때문이다. 코드를 들고 고민하는 나에게 다들 하는 말.

"자전거 발전기에 꽂으면 돼요."

'아! 그렇지. 전기가 따로 필요 없는 거지.'

발전소에서 생산되는 전기 없이 살아본 경험이 없는 교사에게도 대체에너지 체험은 참으로 신기했다. 다음의 자료는 천주교 서울대교구 산하 환경사목위원회로부터 받은 활동 자료 내용들이다.

(1) 활동1-'즐거운 불편' 탈핵 게임

현재 우리나라에는 영광 6기, 부산 고리·신고리 6기, 경주 월성·신월성 5기, 울진 6기 등 총 23기의 핵발전소가 있다. 이 중 울산 신고리와 경주 신월성, 울진에 새로 5기를 건설하고 있는데 앞으로 11년 후인 2024년이 되면 총 42개의 원전이 운영될 예정이다. 이는 현재 32개의 원전을 운영 중인 러시아보다 10개가 더 많아지는 것이며, 세계 3위 원전 대국이 된다는 것이다. 그러나 미국(원전 세계 1위)의 스리마일, 소련(원전 세계 2위)의 체르노빌, 그리고 일본(원전 세계 4위)의 후쿠시마처럼 핵 사고는 원전 개수가 많은 순서대로 일어났다. 이 때문에 우리나라가 세계 3위가 된다는 것은 핵 사고 확률이 세계에서 세 번째로 높아지는 것을 의미한다.

이뿐만이 아니다. 핵발전소의 대부분이 동해안에 밀집되어 있어 갈수록 늘어나는 지진에 대한 위험성이 커지고 있다. 만약 원전 밀집도가 세계 1위인 우리나라에서 핵 사고가 일어난다면 전 국토가 방사능에 노출되어 그 피해가 온전히 우리와 우리의 미래 세대로 돌아갈 것이다.

우리가 편리하게 사용하는 전기이지만, 아무 생각 없이 전기를 낭비한다면 위험천만한 핵발전소는 멈추지 않고 계속 운영될 것이다. 또한 도시 사람들이 사용할 전기를 전달하는 송전탑을 건설하느라 피해를 입는 마을들도 끊임없이 생겨날 것이다.

우리 모두 이러한 사실과 우리나라에 핵발전소가 위치한 곳을

인지하며 '위험한 핵발전소는 이제 그만!'이라는 염원의 마음으로
탈핵 게임을 해보자.

☞ **원전 줄이기 다트 놀이**

① 위험한 핵발전소가 우리나라에 얼마나 많이 분포되어 있는지, 그 위치는 어디
　에 있으며, 왜 핵발전소를 줄여야 하는지 등을 설명한다.
② 설명을 들은 후 핵발전소는 '이제 그만!'이라는 마음을 담아 핵발전소가 있는
　빨간 점에 다트를 던져 맞힌다. 1인당 총 여섯 번의 기회를 주며, 모두 성공하
　면 선물을 준다.

☞ **탈핵 스트라이크(볼링 게임)**

① 전지 사이즈의 우리나라 지도를 바닥에 준비하고, 핵발전소가 있는 지역에 빨
　간 원을 오려 붙인다.
② ①의 위치에 방사능 마크가 붙여진 볼링 핀을 세운다.
③ 청테이프로 출발선을 표시한다.
④ 볼링 핀을 향해 볼링공을 던진다.
⑤ 한 번에 스트라이크가 되면 작은 선물을 준다.
⑥ 1인당 두 번의 기회가 있으며, 두 번 모두 스트라이크에 실패할 시 다시 두 번
　의 기회를 준다.

원전 줄이기 다트 놀이

탈핵 볼링 게임

(2) 활동2-'대체에너지 체험' 자전거 발전기로 팥빙수 만들어 먹기

'친환경 재생에너지'에 대해 들어본 적이 있는가? 전 세계적으로 문제가 되는 화석연료의 고갈과 위험천만한 핵발전소, 그리고 심각한 환경오염에 대한 해결 방안으로 떠오른 것이 바로 '친환경 재생에너지'이다. 친환경 재생에너지는 기존의 화석연료를 변환시켜 이용하거나 햇빛, 물, 지열, 생물 유기체 등을 포함해 재생 가능한 에너지로 변환시켜 이용하는 에너지를 말한다.

화석연료는 사용이 편리하지만 한 번 사용하면 다시 쓸 수 없으며, 원자력은 너무도 큰 위험성을 갖고 있어 우리의 생명을 오히려 위협한다. 그러나 재생에너지는 자연의 원리를 통해 얻게 되어 안전하며 재사용이 가능하지만, 우리나라의 경우 전체 전력 생산에서 재생에너지를 활용하는 빈도는 2퍼센트밖에 되지 않는다. 매년 급격히 늘어나는 전력 수요로 인해 점점 더 원자력에 의존하는 상황인데도 재생에너지를 연구, 개발하지 않는 것이 현실이다.

지구온난화로 인해 전 세계가 극심한 한파와 폭염으로 몸살을 앓고 있다. 결국 이로 인해 사람들은 점점 더 많은 에너지를 사용하게 될 것이다. 특히나 우리나라는 좁은 면적에도 불구하고 에너지 소비량이 굉장히 많다. 만약 우리가 에너지 소비를 줄이지 않고 지금처럼 낭비하면서 생활한다면 지구 온난화를 가속화시키는 화석연료의 양은 끊임없이 늘어날 것이고, 위험한 폭탄과 같은 핵발전소는 멈추지 않고 계속 생기는 악순환이 반복될 것이다.

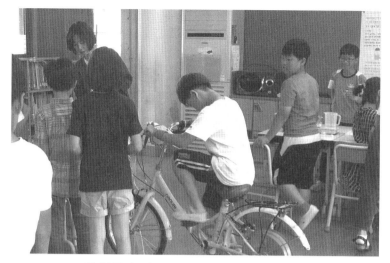

팥빙수를 만들기 위해 자전거 발전기를 돌리는 아이들

☞ 자전거 발전기로 팥빙수 만들기

① 테이블을 준비한 후, 그 앞으로 자전거 발전기를 가져다 놓는다.

② 자전거 발전기의 콘센트에 가정용 빙수기를 설치한다.

③ 자전거 발전기 체험 참가자에게 개인 컵을 하나씩 준 뒤 자전거를 타기 전 에너지 절약을 위해 나 스스로 실천할 수 있는 한 가지가 무엇이 있는지 곰곰이 생각해보라고 안내한다.

④ 생각이 끝났으면 자전거 안장에 앉아 있는 힘껏 페달을 돌린다.

⑤ 페달을 돌리면 바로 빙수기가 돌아가면서 얼음이 갈린다.

⑥ 먹을 만큼의 얼음이 갈리면 페달을 멈추고 자전거에서 내려온다.

⑦ 진행자는 미리 건네준 개인 컵에 갈린 얼음을 담고 팥과 연유, 미숫가루를 넣은 후 체험자에게 곰곰이 생각한 실천 방법 한 가지를 물어본다.

⑧ 진행자는 체험자가 ⑦에 대한 대답을 하면 팥빙수를 건넨다.

따라서 에너지 낭비를 다시금 의식하고 재생 가능한 대안에너지를 생각해보자. 30분 동안 사람의 힘만으로 발을 굴려 생산한 전기는 5W 소형 전구를 10시간 남짓 켤 수 있는 에너지를 공급하거나, 전등이나 카세트를 틀 수 있다. 전기가 필요한 것이면 어디든 사용이 가능하다. 자전거 발전기를 이용해 자가발전을 체험하면서 에너지의 소중함을 깨닫고, 에너지 줄이기 운동을 몸소 실천하자.

(3) 활동3-'의미 있는 동행' 천연 모기 퇴치제 만들기

언제부터 우리는 모기를 해충으로 여기고 박멸하는 데 열을 올리게 되었을까? 모기의 주식은 원래 이슬과 꿀, 그리고 수액이다. 단, 암컷은 알을 가졌을 때에만 단백질이 들어 있는 동물의 피를 섭취한다. 피를 섭취하지 않으면 암컷 모기의 알 생산이 100개에서 10개 이하로 급감하기 때문이다.

하지만 모기가 처음부터 사람의 피를 선호하게 된 것은 아니다. 산업화가 진행되면서 무분별한 개발로 인해 모기의 서식지가 파괴되고 야생동물의 수가 감소했다. 야생동물의 수가 감소하자 모기는 종족 보전의 본능에 따라 인간을 새로운 표적으로 삼게 된 것이다.

인간을 표적으로 삼은 모기는 19세기 초 20초당 1명이 사망하는 말라리아병원균을 사람에게 옮기게 된다. 1939년 병원균을 옮기는 모기를 박멸하기 위해 신종 무기인 DDT가 발명됐다. 하지

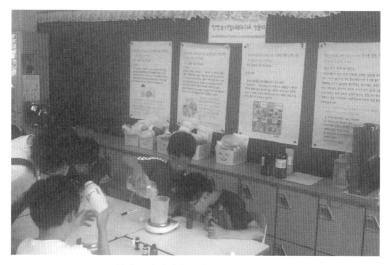
천연 모기 퇴치제를 만들고 있는 아이들

만 1972년 미국 환경보호청은 DDT 사용을 전면 금지했다. DDT 가 곤충과 토양 속에 오랜 기간 축적됨으로써 먹이사슬을 타고 조류와 물고기까지 오염시킬 뿐 아니라 인간의 면역기능과 뇌기능을 저하시켰기 때문이다. 하지만 20여 년의 DDT 사용으로 인해 내성이 더욱 강해진 모기는 박멸은커녕 점점 더 질긴 생명력을 가진 곤충으로 변질되었다.

모기는 본래 꽃이 수분하는 데 도움을 주는 곤충이다. 이렇게 식물의 수분을 돕는 곤충을 제거하면 식물에 의존하는 수많은 곤충과 동물들까지 멸종한다. 그리고 그 피해는 결국 1종의 식물에 의존해 살아가는 10~30여 종의 동물, 그리고 그 모든 생물에 의존해 살아가는 인간에게 돌아온다.

《세상에 나쁜 벌레는 없다》의 저자 조안 엘리자베스 록은 "인간은 하나인 세상을 좋은 종과 나쁜 종으로 나누고 나쁜 종을 악착같이 제거하려고 한다."고 말했다. 하나의 원으로 구성된 생태계는 함께 더불어 살아야 지켜지는 것이다. 좋고 나쁨의 구분 없이 모두가 필요한 구성원이기 때문이다.

따라서 이번 여름에는 환경에 좋지 않은 살충제 대신 천연 모기 퇴치제를 만들어 모기가 싫어하는 향을 몸에 뿌림으로써 모기에게 물리지 않도록 해보자.●

☞ **천연 모기·벌레 퇴치 스프레이(2인용)**

① 저울에 계량컵을 올려놓고 계량기 컵의 무게를 기억한다.
② 28g의 무수에탄올을 계량컵에 넣는다.
　(계량컵의 무게+28g을 합한 무게가 되어야 함)
③ 시트로넬라 오일 20방울을 떨어뜨린다.
④ 페퍼민트 오일 6방울을 떨어뜨린다.
⑤ 티트리 오일 6방울을 떨어뜨린다.
⑥ 라벤더 오일 10방울을 떨어뜨린다.
⑦ 정제수 80g을 넣는다.
⑧ 잘 흔들어 섞는다.
⑨ 2개의 병에 나누어 담는다.
⑩ '천연 모기퇴치제' 라벨지를 병에 붙인다.

● 천주교 서울대교구 환경사목위원회 자료집 참조

10. 봉사활동하기

주제를 거의 마무리하며 배운 것을 실천하자는 의미로 단체 봉사활동을 하기로 했다. 학급 회의를 통해 어떤 봉사활동을 할 것인지 결정했다. 그 결과, 중앙공원과 양재천 주변의 쓰레기를 줍기로 했다. 쓰레기를 줍는다는 명목 하에 일회용 장갑이나 일회용 젓가락 등을 사용해 쓰레기를 더 늘리지 않도록 주의를 준 후다 같이 가벼운, 사실은 밖에 나가 아주 신나는 마음으로 활동을 시작했다.

따사로운 햇살 아래, 친구들과 쫑알쫑알 이야기를 나누며 보물을 찾듯이 쓰레기를 찾는 아이들. 활짝 핀 봄꽃보다 아이들의 모

봉사활동 후 아이스크림을 먹는 아이들

습이 더 예뻤다. 선생님이 쏘는 아이스크림 하나씩 베어 물며 학교로 돌아와 분리 배출을 했다. 학교의 쓰레기 분리 배출 장소 앞에 모은 쓰레기를 다 쏟아놓고 분리해서 버리는 작업을 했는데, 의외로 분리 배출 방법을 잘 모르는 아이들이 많았다. 많이 듣기는 했지만 실제로 해본 경험이 없었던 것이다.

아이들을 위한답시고 공부 이외에는 아무것도 못하게 하는 지금의 세태가 오히려 아이들의 다양한 능력을 사장시키는 건 아닌지 생각해보았다.

11. 국립과천과학관 현장체험학습: 연료가 된 소금물

우리 학교는 과천시의 교육 지원 예산을 받아 사용하고 있는데 그중 하나가 현장체험학습비이다. 1인당 1만 원씩의 현장체험학습비를 지원받고 있다. 우리는 이 지원금을 '꿈의 도시 과천 만들기'와 연관 지어 대체에너지 체험을 하는 데 사용하기로 했다.

참으로 행복하게도 우리 학교에서 걸어서 30분 정도 거리에 국립과천과학관이 있다. 과학관에서 운영하는 프로그램이 많은데 우리는 그중에서 대체에너지와 관련된 것을 선택했다. 미니 자동차를 만들어 소금물로 움직이게 하는 활동과 신재생에너지 관련 전시물 해설이 포함된 프로그램이다(다음 표 참고). 소금물만 넣으면 1시간 이상 움직이는 소금물 연료전지 로봇이 참 신기했다.

[전시물 해설 프로그램]

주제명	연료가 된 소금물
학습목표	지구의 환경 변화와 에너지가 고갈되면서 점점 발전하는 신재생에너지의 종류와 필요성을 탐구한다.
학습 방법	① 호기심 키우기 ② 전시물 탐구학습 ③ 창의적 체험활동 ④ 정리하기
	학습내용
전시물 탐구	• 첨단기술관 I: 신재생에너지 발전기의 원리를 알아보고, 신재생에너지의 종류와 필요성에 대해 전시물을 통해서 알아본다.
체험 활동	• 수소에너지와 연료전지 신에너지의 하나인 수소에너지와 연료전지의 원리와 방법을 체험한다(개인별 소금물 연료전지 로봇 만들기).

12. 주제를 마무리하며

'환경보호'와 '참여'라는 귀한 가치를 담아 진행한 '꿈의 도시 과천 만들기'라는 주제가 마무리되었다. 통합 수업에 익숙하지 않은 아이들을 위해 함께 주제망을 짜며 명확하게 방향을 제시했고, 중간중간 길을 잃지 않도록 교과서와 관련을 지으며 수업을 진행했다.

배운 것을 체험할 수 있도록 체험학습 준비에 많은 시간을 투자

했다. 또한 교육과정과 상관없이 중간에 툭툭 들어오는 외부 수업을 적극적으로 연관 지어 수업에 활용하는 시도도 해보았다.

활동이 많았던 만큼 아이들은 무척 즐겁게 수업에 참여했고, 소감을 다양하게 표현했다. 특히 학교에서 배운 것을 주민 참여 형식으로 시청에 제안함으로써 실천해보는 활동은 아이들에게 특별한 경험이 되었으리라 생각한다. 자연을 파괴하는 것도 인간이지만 그 파괴를 막는 것도 인간일 수밖에 없다.

애들아, 건강하고 바르게 자라서 우리 지구를 지켜 줘!

40시간 동안 우리들은 '꿈의 도시 과천 만들기'라는 주제로 공부했다. 처음에는 선생님이랑 몇 번 이야기하고 끝날 줄 알았는데 긴 시간 동안의 학습이 끝나니 섭섭하다. (중략) 우리 반이 낸 아이디어를 시장님께 보내는 활동도 있었다. 시장님이 우리의 의견을 꼭 들어주셨으면 좋겠고 과천이 빨리 생태도시가 되었으면 좋겠다. 꿈의 도시 과천을 만들자!

_학생 소감문 중

○○이가 '꿈의 도시 과천 만들기' 주제 학습을 통해 많은 것을 배우고 보고 느꼈다는 것을 알게 해줘서 고마워. 우리나라는 6.25라는 큰 전쟁 후에 잘사는 것에만 몰두하며 살아왔어. 경제성장은 이루었지만 환경은 많이 오염되고 파괴되었지. 지금부터라도 ○○이가 살아갈 이 땅을 위해 노력해야 할 일들을 찾아봐야겠구나. 과천은 숲과 산 같은 자연 덕분에 그나마 우리의 삶을 쾌적하게 해주지. 엄마도 설거지나 빨래를 할 때 친환

경 세제를 이용하고 환경에 좋지 않은 생활용품은 쓰지 않도록 노력할게. ○○이가 살아갈 세상이 좀 더 좋아지도록 노력해보자.

_학부모 소감문 중

['꿈의 도시 과천 만들기' 차시 운영계획]

차시	과목	단원	활동 내용
1	창체		주제망 짜기
2~3	사회	2-③도시 문제와 해결	도시의 문제 조사 발표
4~5	창체		미세먼지 바로 알기
6	사회	2-③	도시문제의 종류와 발생 원인
7	사회		도시문제 해결 방안 모색 (쿠리치바 동영상)
8~12	국어	6. 소중한 정보	다양한 매체 듣고 보고 생각 나누기 - 생태도시 동영상 - 패시브 하우스 동영상 - 하천 살리기 동영상
13~14	창체	기후 학교	하천 살리기 성공 사례 - 양재천의 역사와 생태
15~18	창체	교통안전 유괴 예방	주제통합 현장체험학습-하늘공원 - 교통안전교육 - 유괴 예방 교육
19~20	체육		하늘공원 산책하기
21~22	사회	2-④ 신도시의 개발	과천을 꿈의 도시로 만들기 위해 문제점과 개선점 찾기
23~25	미술		꿈의 도시 과천 만들기

26-31	국어	7. 의견과 근거	과천을 꿈의 도시로 만들기 위해 제안하는 글쓰기 - 의견과 근거가 무엇인지 알기 - 의견이 드러나는 글의 특징 알기 - 의견을 바르게 제시하는 방법 - 문단의 구조에 맞게 의견이 드러나는 글쓰기 - 꿈의 도시 과천을 위해 제안하는 글쓰기 (시장님께 제안서 발송)
32	과학	대체에너지 체험	자전거 발전기로 팥빙수 만들어 먹기 원자력발전의 문제점 알고 탈핵 게임하기
33~34	창체		꿈의 도시 과천을 만들기 위해 우리가 할 수 있는 봉사활동 회의
35-36	창체		학급 회의에서 결정된 내용으로 꿈의 도시 과천 만들기 봉사활동
37	창체		주제통합학습 소감 나누기 및 정리
38~41	과학	연료가 된 소금물	- 과학관 현장체험학습

4장

세상을 바꾸는 힘

4학년 2학기 사회과에는 경제 단원이 나온다. 아이들은 4학년이 되면 비로소 경제라는 단어를 용어 그대로 접하고 그 의미를 알게 된다. 총 4개의 중단원으로 구성된 교과 내용은 생산 관련 2개, 소비 관련 2개로 구성되어 있다. 생산 활동과 관련해서는 생산의 종류와 그 중요성, 장래의 나의 꿈 찾아보기, 소비활동과 관련해서는 자원의 희소성으로 생기는 선택의 문제, 물건의 선택 기준, 소비자의 권리 등이 제시되어 있다.

교육부가 제시하는 핵심 성취기준은 다음과 같다.

사4081-1 경제활동에서 자원의 희소성으로 인해 선택의 문제가 발생함을 설명할 수 있다.
사4081-2 경제활동에서 합리적인 선택을 하기 위해 고려해야 하는 기준(예: 비용, 만족감, 사회적 영향 등)을 제시할 수 있다.
사4082 생산 활동의 종류를 조사하고, 각 활동의 의미와 중요성에 대해 설명할 수 있다.

교과서와 성취기준표를 분석한 후 교육과정 재구성에 들어갔다. 경제 단원을 생산과 소비 2개로 쪼개고 생산과 관련해서는 '내 꿈을 펼쳐라', 소비와 관련해서는 '세상을 바꾸는 힘'이라는 주제로 얼개를 짜나갔다. 경제활동과 관련해서 아이들은 소비에 더 익숙할 것이기 때문에 소비를 먼저 다루기로 하고, 핵심 가치를 소비자의 권리가 아닌 의무에 두었다.

　　사회 1단원을 중심으로 도덕과와 국어과, 과학과를 통합했다. 그리고 자원의 희소성 때문에 선택의 문제가 일어나는 경제활동의 특징에 대한 이해를 바탕으로 현명하게 의사를 결정할 수 있는 능력과 태도를 기를 수 있도록 구성했다. 또한 도덕과 7단원의 환경문제와 관련지어 환경을 살리고 인권을 존중하는 착한 소비에 대해 알아보고, 과학과의 식물 단원과 연관 지어 식물을 이용한 천연 제품 만들기와 미술과에서 압화 책갈피 만들기를 계획했다.

서지원·정우진 외 글, 박정인 그림, 《착한 소비가 뭐예요?》, 상상의집, 2011

　　주제통합 중간중간에 《착한 소비가 뭐예요?》라는 책을 함께 읽으며 학습내용에 대한 동기를 강화하고 다양한 영상을 접하며 생각의 깊이를 더해가는 활동을 했다. 처음으로 경제 영역을 본격적으로 접하게 되므로 이미 생활 속에서 경제활동을 경험한 내용을 충분히 활용하고 직접 체험하는 기회를 갖도록 제한된

돈으로 선택 기준에 의거해 물건을 구매해보기로 했다.

민주주의 체제에서는 선거를 통해 주권을 행사하듯이 현 경제 체제에서는 착한 소비가 세상을 바꾸는 또 다른 힘이 될 수 있음을 알게 하는 데 중점을 두고 수업 내용을 구성했다.

1. 주제망 짜기: 세상을 바꾸는 힘

주제통합학습의 시작은 언제나 아이들과 주제망을 같이 짜는 것이다. 주제망은 일종의 지도라고 할 수 있는데, 아이들과 같이 만들어 게시하고 한 주제가 끝날 때까지 내비게이션으로 사용하는 것이다. 주제통합학습에서는 여러 교과를 섞기도 하고 교과서의 순서가 뒤죽박죽되기 때문에, 같이 주제망을 짜고 게시해놓지 않으면 아이들은 공부가 재미있기는 한데 뭐가 뭔지 잘 모르는 상황이 벌어진다.

이번 주제에서는 "세상을 바꾸는 힘은 무엇이 있을까?"라는 질문으로 주제망 짜기를 시작했다. 아이들의 입에서 선거, 투표라는 말이 나왔고, "그럼, 투표권이 생길 때까지는 세상을 바꿀 수 있는 힘은 전혀 없는 걸까?"라는 질문으로 수업을 이어갔다.

주제망을 짜는 것은 약간의 기술이 필요한데, 교사가 미리 주제에 대한 계획을 가지고 아이들의 대답에 적절히 반응하며 길을 찾아가는 것이라고 할 수 있다. 앞의 주제에서도 이야기했듯이 주

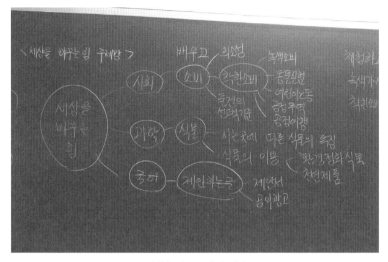

'세상을 바꾸는 힘' 주제망

제망을 쉽게 짜기 위해서는 평소의 수업이 개방적이어서 의견을
자유롭게 주고받는 수업 분위기가 선행되어야 한다.

자신들의 의견이 수용되는 경험을 한 아이들은 다양하고 창의
적인 아이디어를 마구 쏟아낸다. 앞의 교육과정 재구성의 순서에
서도 이야기했듯이 주제망은 무엇을 배우고, 무엇을 체험하고, 어
떻게 실천할 것인지를 기본 틀로 해서 구성했다. 특히 아이들의
의견을 많이 반영할 수 있는 부분이 '체험하고'와 '실천하고' 부분
으로, 예산과 시간이 허용되는 범위 안에서 아이들의 의견을 적극
반영해 수업을 계획했다.

2. 자원의 희소성 게임하기

교육과정을 재구성하면서 조심해야 할 것이, 활동에 치우쳐 아이들이 그 시기에 배워야 할 '핵심 개념'을 소홀히 하는 것이다. 이 시기의 아이들이 경제와 관련해 익혀야 할 핵심 개념 중 하나가 '자원의 희소성'이다. 희소성은 인간의 물질적 욕구에 비해 그것을 충족시키는 물적 수단의 공급이 상대적으로 부족한 경우를 가리키는 말로, 같은 물건이라도 수요에 따라 가격이 달라진다. 자원이 한정되어 있기 때문에 우리는 늘 선택의 문제에 맞닥뜨린다.

이러한 자원의 희소성과 선택이라는 문제를 게임을 통해 체험해보기로 했다. 이 게임은 〈아하 경제〉 '신나는 교실'에 나오는 것으로 박찬정 선생님이 만든 자료이다.

> 상황1
> 어느 날 비행기를 타고 가다 사막에 불시착했다. 주변은 온통 모래뿐이며 선인장조차도 보이지 않는다. 비행기는 불타 없어져버렸고 모두 가벼운 옷차림을 하고 있다. 어렵기는 하나 노력하면 사고 지점에서 <u>30일 이내</u>에 구조를 기대할 수 있다.

> • 활동1 : 비행기가 불타기 전에 다음의 물건 중 네 가지를 가지고 나올 수 있다. 모둠별로 의논해 물품과 선택 이유를 적어보자.

비옷 8장, 사막동물도감, 금괴 9개, 총과 총알 6발, 전체 인원이 8일 정도 버틸 수 있는 양의 생수, 사막지도 1장, 잭나이프 2개, 손거울 1개, 소주 2병, 소금 1병, 한정판 명품 가방, 코트 6벌

아이들은 모둠별로 고민에 고민을 거듭했다. 많은 모둠에서 물, 비옷, 잭나이프, 손거울이 나왔는데 비옷으로는 일교차를 이용해 이슬을 받아 먹겠다는 것이었고, 잭나이프로는 먹거리 구하기, 손거울로는 구조 신호를 보내겠다는 의견이 많았다. 엉뚱하고 재미있는 의견으로는 소주가 있었는데, 괴로우니까 먹고 취해서 자겠다는 이유를 써서 모두 한참을 웃었다. 한 모둠에서는 사막지도를 선택할 것인지 말 것인지를 두고 의견이 분분했는데, 이 과정에서 평소에는 소극적이고 엉뚱하던 아이가 "자기 위치를 알아야 지도도 쓸모가 있는 거야."라며 의젓하게 말하는 것이 아닌가. 아이들에게는 참 다양한 모습이 있고, 무한한 가능성이 있다는 생각이 들었다.

상황2

어느 날 비행기를 타고 가다 사막에 불시착했다. 주변은 온통 모래뿐이며 선인장조차도 보이지 않는다. 비행기는 불타 없어져버렸고 모두 가벼운 옷차림을 하고 있다. 다행히 비행기가 추락하기 전에 조난 신호가 제대로 발신되어서 <u>1시간만</u> 견디면

구조될 것으로 보인다.

• 활동1: 비행기가 불타기 전 아래의 물건 중 네 가지를 가지고
  나올 수 있다. 모둠별로 의논해 물품과 선택 이유를 적어보자.

> 비옷 8장, 사막동물도감, 금괴 9개, 총과 총알 6발, 전
> 체 인원이 8일 정도 버틸 수 있는 양의 생수, 사막지도
> 1장, 잭나이프 2개, 손거울 1개, 소주 2병, 소금 1병, 한
> 정판 명품 가방, 코트 6벌

이번에는 상황이 달라졌다. 1시간만 견디면 구조되는 희망적인
상황이다. 아이들의 선택이 확연히 달랐다. 물은 모든 모둠에서
선택했고, 금괴를 선택한 모둠이 생겼다. 구조가 확실시 되고 1시
간만 견디면 되는 상황에서는 당연히 고가의 물건을 챙기게 된다.

아이들은 이 게임을 통해 한정된 자원을 선택해야 하는 것이 어
떤 것인지 알았고, 상황에 따라 희소성의 대상이 되는 물건이 바
뀐다는 것도 배웠다. 엉뚱하기도 하고 창의적이기도 하고 의젓하
기도 하게 자신의 의견을 적극적으로 나누는 아이들 속에서 참 행
복하다고 생각했다.

3. 산다(buy)는 것

이번에는 아이들과 물건을 선택하는 다양한 기준에 대해 이야기를 나누었다. 이미 소비의 경험이 많은 아이들은 가격, 품질, 필요성 등의 기준을 잘 알고 있었다. 여기에서 이 주제의 중심이라 할 수 있는 EBS의 〈지식채널e〉 경제 시리즈 '산다는 것' 편을 함께 시청했다. 〈지식채널e〉는 5분여 되는 짧은 영상에 강렬한 메시지가 담겨 있어 교육 자료로 자주 활용하는데, '산다는 것' 역시 소비자의 의무와 관련된 임팩트 있는 메시지를 던져준다.

18세기, 당시의 군인과 상인 계층의 강력한 지원 하에 노예무역을 통해 막대한 경제적 이익을 누렸던 영국. 하지만 시간이 갈수록 사람들은 노예무역의 비인간성을 깨닫고 이를 폐지하기 위해 1791년부터 서인도제도산 설탕 불매운동을 벌인다. 소비의 방식이 바뀌면 세상이 바뀔 수 있다는 것을 사람들이 인식하게 된 것이다. 결국 이 윤리적 소비로 인해 1807년 노예무역이 폐지된다.

산다(live)는 것은 사는(buy) 것이고,
산다(buy)는 것은 권력이 있다는 것이고,
권력이 있다는 것은 의무가 있다는 것이다.

이 동영상을 보고 "선생님, 왠지 소름이 쫙 끼쳐요."라고 말하는 아이들이 있었는데, 그 느낌이 참 소중하다는 생각이 들었다. 이러한 느낌들이 학습의 동기, 실천의 원동력이 될 수 있기에 느낌이 있는 교육은 중요하다. 더불어 아이들은 자신들이 물건을 사는 행위를 통해서 세상을 바꿀 수 있다는 것을 깨닫게 되었다.

4. 착한 소비가 뭐예요?

아이들과 본격적으로 착한 소비에 대한 공부를 시작했다. 국어 시간을 이용해《착한 소비가 뭐예요?》라는 책을 읽고 관련 동영상도 찾아보며 이야기를 나누었다. 앞의 재구성 단계에서도 이야기했듯이 모든 주제통합학습에는 중심이 되는 책이 있는데, 이 책을 아이들에게 사오라고 하거나 집에서 읽어오라고 숙제를 내주는 것이 아니라 교사가 수업 시간에 읽어주었다. 녹색소비, 공정무역, 어린이노동, 동물실험, 공정여행의 다섯 가지 주제로 엮인 책을 한 주제씩 읽고 관련 동영상을 본 후 알게 된 점, 느낀 점, 내가 할 수 있는 일에 대해 글을 쓴 후 생각을 나누었다.

녹색소비에 대해 알아보는 시간에 아이들은 탄소성적 표시 상품, 로컬 푸드, 에너지 소비 효율 등급, 육류 소비의 현실 등에 대해 알게 되었다.

공정무역은 경제 선진국과 개발도상국 간 불공정 무역구조로 인해 발생하는 부의 편중, 환경파괴, 노동력 착취, 인권침해 등의 문제를 해결하기 위해 대두된 무역 형태이자 사회운동을 일컫는 말이다. 다시 말해 다국적기업 등이 자유무역을 통해 이윤을 극대화하는 과정에서 적정한 생산 이윤을 보장받지 못한 채 빈곤에 시달리는 개발도상국의 생산자와 노동자를 보호하려는 목적에서 발생한 대안적 형태의 무역이라 할 수 있다.• 〈지식채널e〉 '커피 한 잔의 이야기' 편을 보며 커피 한 잔에 담긴 불공정한 무역 형태를 알아보고 대안적인 방법인 공정무역 커피에 대해 알아보았다. 공정무역이 무엇인지 쉽게 알려주는 동영상을 보며 개념을 정리하고••, 공정무역 제품을 살 수 있는 곳이 어디에 있는지도 알아보았다. 또한 파키스탄의 축구공 생산 공장의 공정무역 사례•••에 대해서도 살펴보았다.

　매년 전 세계에서 노동을 강요받는 아동은 1억 6800만 명이나 된다. 위험하고 가혹한 형태의 노동을 하는 아동은 8500만 명, 노동 착취로 인해 사망하는 아동은 2만 2000명이다. 일하는 아동이 1주일에 받는 평균임금은 3600원, 아동 노동이 발생하는 국가는 76개국이라 한다.•••• 코트디브아르 카카오 농장의 어린이노동 실태를 알려주는 동영상•••••을 보며 나눔의 필요성을 느끼기도 했다.

● 네이버 지식백과, 공정무역(公正貿易, fair trade)[두산백과]

●● 한국공정무역단체협의회(KFTO), 공정무역 홍보 영상 〈루시 이야기〉(www.youtube.com/watch?v=OHWQYsdnwCQ)

●●● ullimft, 〈공정무역 축구공 이야기〉(www.youtube.com/watch?v=jRmPQFOC2NU)

●●●● 《2013 세계아동노동보고서》, ILO

●●●●● EBS, 〈배움 너머(Beyond the learning)〉_〈초콜릿 감옥〉_중3 사회(www.youtube.com/watch?v=GmVc7eTi-X8)

아이들은 생소한 단어에 호기심을 느끼면서도 불공정한 현실에 함께 가슴 아파하고 착한 소비로 세상을 바꾸고 싶어 했다. 이과정에서 어린이노동에 시달리고 있는 아이들을 돕고 싶다는 마음이 드는 것은 어찌 보면 당연한 일인지라, 이 마음이 11월에 실시된 나눔 프로젝트로 자연스럽게 연결되었다.

동물실험에 대해서도 아이들은 깊은 관심을 보였는데, 화장품과 약품의 안전성 실험을 위해 희생되는 동물들에 안타까움을 표시하였다. 눈 화장품인 마스카라의 안전성을 확인하기 위해 토끼눈에 직접 마스카라를 넣는 등 인간에 의해 병에 걸리고 죽음을 맞이하는 수많은 생명에 관해 생각해보는 계기가 되었다.

5. 육식의 진실

몇 년 전 세계 채식의 날을 맞아 아이들과 육식의 진실에 대해 이야기를 나눈 적이 있다. 세계 채식의 날은 생명 존중과 환경보호, 기아 해결과 건강 증진을 목적으로 국제채식연맹(International Vegetarian Union)이 제정한 날로, 매년 10월 1일이다.

매년 인간의 음식으로 이용되는 170억 마리가 넘는 동물을 보호하고, 방목으로 인한 산림 파괴를 줄이며, 방대한 양의 사료용 곡물을 줄임으로써 기아 해결에도 큰 도움이 될 수 있다는 기치를 내걸

고, 이날만이라도 인류 전체가 채식을 하자는 뜻으로 제정했다.•

수업 중에는 한 과학 잡지에 실린 내용을 토대로 공장형 사육과 산림 파괴의 문제점, 과도한 육식이 인체에 미치는 악영향 등을 이야기했다. A4 용지 반 정도 크기의 우리에서 움직이지도 못하고, 스트레스로 인해 서로에게 상해를 입히지 못하도록 미리 부리 끝이 잘리는 닭들. 항생제와 각종 약품으로 부조리와 불건강을 덮어버리는 실태들.

스테이크를 위해 파괴되는 지구의 허파 아마존. 1킬로그램의 쇠고기가 식탁에 오르기 위해서 소비되는 7킬로그램의 사료와 10만 리터의 물. 깔끔하게 처리되어 식탁에 오르는 고기와 생명을 연결 짓지 못하는 아이들. 광우병이나 살충제 달걀 등은 어쩌면 이 과정에서 예정되어 있던 것들이고, 이제 인간의 무분별한 육식은 부메랑이 되어 인간에게 돌아오고 있다.

1시간 수업이었는데 다음 날 놀라운 일이 일어났다. 한 여자아이가 한 시간 동안 들은 내용을 마치 녹음한 것처럼 만화로 그려왔던 것이다. 그 정확한 표현력과 기억력에 혀를 내두르지 않을 수 없었고, 그 만화는 이후에도 수업 자료로 사용하고 있다.

• 네이버 지식백과, 세계채식인의 날(世界菜食人─)[두산백과]

'육식의 진실'에 대해 이야기를 나눈 후 한 아이가 그려온 만화

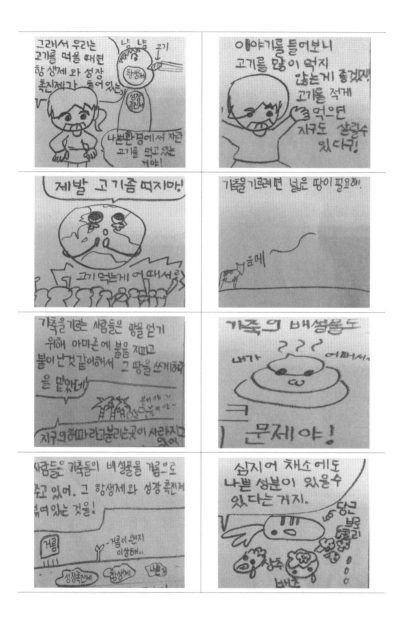

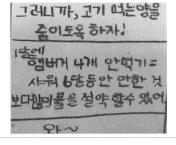

THE END

by 장혜준

6. 착한 소비 제안 공익광고 만들기

국어 시간을 이용해 착한 소비를 제안하는 글을 써보았다. 4학년 국어과에서는 자신의 의견을 제안하는 글을 쓰는 것이 중요한 성취기준이므로 다양한 주제를 가지고 반복해서 제안하는 글쓰기를 했다. 그러나 이번 주제에서는 보다 적극적으로 착한 소비를 제안할 시각적 도구가 필요했기에 공익광고 만들기를 함께 해보았다.

먼저 공익광고가 무엇인지 공익광고상을 받은 포스터들을 보며 같이 알아보았다. 일단 시선을 잡아끄는 강력한 이미지가 필요하고, 함축적인 문구가 겸비된다는 공통점을 찾고, 각 모둠에서 제작할 공익광고의 주제를 정했다.

수업에서 아이들이 스마트폰을 아주 유용하게 쓸 때가 있는데, 이번 경우가 그러했다. 교실에는 컴퓨터가 교사용 한 대밖에 없고, 자료를 찾으러 컴퓨터실로 시간을 내 가는 것도 마땅치 않을 경우 아이들의 스마트폰을 이용하면 효율적으로 수업할 수 있다.

인터넷을 검색하는 것으로는 데이터가 많이 사용되지 않으므로 아이들 중 데이터를 쓸 수 있는 친구를 찾아 각 모둠에서 필요한 이미지를 검색하도록 한다. 아이들이 스마트폰을 통해서 이미지를 찾아오면 교사는 같은 이미지를 교사용 컴퓨터를 이용해 찾은 후 원하는 크기로 인쇄해주었다. 그러면 아이들은 그 이미지를 적당한 위치에 붙이고 알맞는 문구를 써 넣었다.

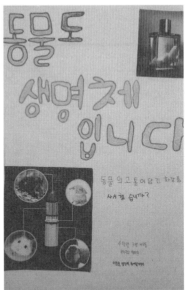
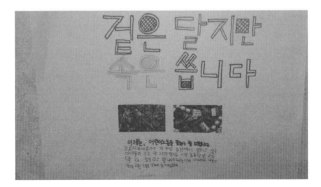

아이들이 만든 착한 소비 공익광고

이 과정에서 기존의 공익광고 못지않은 작품들이 나와 어른들을 놀라게 했는데, 깊이 느끼고 정확하게 표현하는 아이들이 자랑스러웠다.

7. 식물을 이용한 천연 제품 만들기와 보고서 쓰기

착한 소비에 대해 공부하는 중간중간 과학 식물 단원을 함께 공부했고, 이를 착한 소비와 연관 지었다. 식물의 이용 부분을 착한 소비와 관련지어 천연 제품을 만들었는데, 재료를 구하기 쉽고 만드는 방법도 간단한 천연 오이 스킨을 만들었다.

착한 소비에 대해 공부하며 천연 오이 스킨을 만들었다.

<오이 스킨 만들기>

• 준비물: 오이 반 개, 글리세린 5g, 정제수 60ml, 청주 5ml, 열탕 소독한 작은 병(작은 주스병 크기), 냉면 그릇 정도의 그릇 2개, 거즈, 깔대기, 강판, 전자저울

- 만드는 방법

① 깨끗이 씻은 오이 반 개를 강판에 간다. 이때 오이를 반으로 자르지 말고 한 개를 통째로 잡고 갈면 편하다. 절반까지만 갈고 손잡이처럼 잡았던 나머지 부분은 맛있게 먹는다. 오이를 미리 자르면 끝부분을 갈 때 강판에 손을 다칠 수 있다.

② 오이 간 것을 거즈 위에 올려놓고 힘껏 짜서 즙만 받아낸다.

③ 깔때기를 이용해 오이즙을 소독한 병에 담는다.

④ 즙을 담은 병을 전자저울 위에 올려놓고 정제수 60ml, 보습 효과가 있는 글리세린 5g, 천연 방부제 역할을 하는 청주 5ml를 섞는다.

⑤ 뚜껑을 닫고 잘 흔든 뒤 만든 날짜를 쓴 라벨을 붙인다.

⑥ 냉장고에 넣고 2주 정도 사용한다.

실험을 시작하자 교실 안이 순식간에 상큼한 오이 향으로 가득 찼다. 만드는 방법이 간단하고 미리 PPT를 통해 설명을 한 뒤라 별도의 설명이 없어도 뚝딱 잘 만든다. 시간이 남으면 모둠별로 나와서 자기 모둠이 만든 천연 화장품을 선전하는 시간을 갖는 것도 좋을 듯하다.

수업 후에는 컴퓨터실에 가서 이 과정을 실험 보고서로 작성해 보았다. 국어과 성취기준 중 하나가 컴퓨터로 글을 쓰는 것이어서 별도의 주제가 아니라 오이 스킨 만드는 과정을 보고서로 작성해본 것이다.

요즘 젊은이들을 디지털 노매드(유목민)라고 하던가. 교사가 한

글 프로그램을 하나하나 가르쳐주지 않아도 아이들은 본능적으로 컴퓨터를 능숙하게 다루었고, 모르는 것은 서로 도와가며 보고서를 만들었다. 교사는 사전에 과학 보고서 작성하는 법을 가르쳐주고, 참고자료를 배부했다. 참고자료로는 서울학생탐구발표대회 수상 작품 중 식물 관련 작품을 복사해 사용했다.

미리 교사가 기본 양식을 만들어 학급 홈페이지에 올려놓았고, 아이들은 그 양식을 다운 받아 보고서를 작성한 뒤, 완성된 보고서를 다시 학급 홈페이지에 탑재해 이를 수행평가로 활용했다. 수행평가를 별도로 하지 않고 주제 통합을 하는 과정 자체를 평가 계획에 넣어 그야말로 수행과정을 평가했기에, 아이들은 평가에 대한 부담감 없이 재미있게 몰입하면서 좋은 성취 결과를 나타내었다.

[식물의 이용에 관한 탐구 보고서]

학반	4학년 3반	탐구자	
탐구 기간	2016. 8. 24~9. 10	탐구 장소	4학년 3반
탐구 영역 및 주제	환경(식물의 이용) / 천연 오이 스킨 만들기		
탐구 동기	우리는 요즘 '세상을 바꾸는 힘' 이라는 주제통합학습을 하고 있다. 며칠 전 동물실험에 대해 배웠는데, 이 실험 때문에 많은 동물이 병들거나 죽는다는 것을 알았다. 동물실험을 막는 방법으로 ① 인공피부 만들어 실험하기 ② 자신이 직접 천연 화장품 만들어 쓰기 등이 있다. 우리는 동물실험을 막기 위해 또 식물의 이용을 알기 위해 천연 화장품을 만들게 되었다.		

알고 싶은 점 (가설)	① 천연 오이 스킨이 몸에 좋을까? 　－좋을 것이다. 방부제를 안 넣어서 오래 갈지는 모르겠지만 오이팩을 하면 좋기 때문에 그렇다. ② 기타 할 수 있는 실험들 　－식빵에 천연 화장품과 일반 판매 화장품을 넣고 어느 쪽에 먼저 곰팡이가 생기는지 살펴본다. 천연 화장품에 곰팡이가 먼저 생길 것 같다. 왜냐하면 나쁜 물질이 들어 있으면 곰팡이도 살기 힘들 것 같다.
탐구 방법	① 준비물 : 오이 1개, 강판, 냉면 크기의 볼 2개, 거즈, 정제수 60ml, 글리세린 5g, 청주 5ml, 유리병 ② 방법 　－오이 반 개를 강판에 간다. 　－거즈로 즙을 짜낸다. 　－정제수 60ml, 글리세린 5g, 청주 5ml를 넣는다. 　－그릇을 흔들어 섞어준다. 　－열탕 소독한 유리병에 오이 스킨을 넣는다.
탐구 결과	색은 연두색이며 오이 향이 났다. 발라봤을 때의 촉감은 촉촉했다. 소주보단 약하지만 청주도 술 냄새가 날 것 같았는데 안 났다. 니트로글리세린이 끈적해서 많이 촉촉하지 않을 줄 알았는데 흔들어 준 덕분에 촉촉한 오이 스킨이 되었다.
알게 된 점 및 느낀 점	동물실험으로 인해 죽어가는 동물들이 있다는 것을 알고 슬펐다. 그것을 알고 이 화장품을 만들었는데 작지만 우리의 관심이 세상을 바꿀 수 있는 힘이 될 수 있다는 것을 알고 조금이나마 위로가 됐다. 주변에도 이런 것을 알리고 간단하게 만들 수 있는 천연 화장품을 많이 사용하도록 홍보해야겠다.

8. 식물을 이용한 미술작품 만들기

　미술 시간을 이용해 압화 책갈피 만들기와 천연 염색 손수건 만들기를 했다. 날이 좋은 날 밖으로 나가 압화 책갈피에 쓸 작은 식물을 채집했다. 교실을 떠나 자연과 마주한 아이들은 싱그럽다. 화창한 하늘 아래 활짝 웃으며 재잘거리는 아이들의 모습을 눈에 담는 것은 교사에게 주어지는 큰 선물이라는 생각을 해본다.

　교실에 돌아와 두꺼운 책 사이에 채집한 식물을 잘 펴서 끼워 놓고 1주일 정도 두었다. 1주일 후 여러 색의 한지 색종이를 오려 그 위에 말린 식물을 보기 좋게 배치하고 마음에 드는 문구를 적어 넣었다. 다양한 서체의 캘리그래피와 간단한 문구를 참고해 아이들은 자기만의 책갈피를 만들었다. 완성된 작품은 손코팅한 후 구멍을 뚫고 끈을 달아 편리하게 사용할 수 있게 했다.

　다음 미술 시간에는 천연 염색 손수건을 만들었다. 각자 마음에 드는 다양한 색의 식물을 채집한 뒤 교실로 돌아와, 손수건 위에 식물을 배열하고 OHP 필름을 덮은 후 동전으로 꼼꼼히 문지르면 간단하게 천연 염색 손수건이 완성되었다. 천연 염색이라고 하면 천연 염료를 별도로 구매해 복잡한 과정을 거쳐야 한다고 생각하기 쉬우나, 염료용 식물이 아니더라도 모든 식물은 그 안에 이미 아름다운 빛깔을 머금고 있는지라 그냥 문지르기만 하면 그 모양과 색 그대로를 얻을 수 있다.

　특히 가을에 단풍이 들었을 때 이 작업을 하면 좋은데, 노란 은

압화 책갈피 만들기

천연 염색 손수건

행잎과 붉은 단풍잎의 색이 마법처럼 빠져나와 손수건을 물들인다. 식물 하나하나가 품은 아름다운 색깔에 아이들은 탄성을 지른다. 초록, 빨강, 노랑, 분홍…. 천연의 색소로 물든 손수건은 빨아도 색이 단번에 빠지지 않고 서서히 바래진다.

9. 착한 소비 현장체험학습

이번에는 배운 내용을 체험해볼 차례였다. 학교 근처에 있는 농협 하나로마트에 전화를 걸어 사전에 양해를 구한 다음 착한 소비 현장체험학습 준비를 했다. 4인 한 모둠으로 구성해 각자 1000원씩 4000원으로 지금까지 배운 물건의 선택 기준에 맞추어 착한 소비를 하는 것이 체험학습 과제였다. 국어 시간에 만든 공익광고 포스터를 들고 하나로마트로 향했다. 착한 소비 체험활동과 더불어, 공익광고를 통해 어른들에게도 세상을 바꿀 수 있는 착한 소비를 하자고 제안하기 위한 활동이었다.

사전에 아이들은 어떤 물건을 선택할 것인지 물건의 선택 기준을 다시 한 번 살펴보았고, 장바구니를 준비해 걸어서 10분 거리에 있는 하나로마트로 향했다.

모둠당 돈은 4000원만 준비했기 때문에 금방 물건을 사서 돌아갈 수 있을 것이라고 생각한 것은 착각이었다. 아이들은 고민에 고민을 거듭했다. 과자 봉지를 하나하나 뒤집어보며 원산지와 탄소발자국을 확인하고, 재활용 가능 여부, 신선도 등을 꼼꼼히 확인했다. 아이들은 대부분 먹을 것을 골랐는데 모둠 친구들이 서로 의견이 달라 조율하는 과정에서 시간이 꽤 오래 걸리기도 했다.

아이들이 각고의 고민과 타협 끝에 골라온 것은 주로 로컬푸드 매장에 있던 감자, 고구마, 토마토, 오이 등이었다. 어떤 모둠은

착한 소비를 체험해본 현장체험학습

나름의 환경영향평가를 거쳐 과자, 음료수를 골라왔고, 학교로 돌아와 같이 나누어 먹었다. 나중에 주제를 마무리하며 아이들이 쓴 소감을 보니, 이 과정에서 착한 소비뿐 아니라 타협하고 조율하는 것을 배웠다는 아이가 있었다. 기대하지 않았던 소득이었다. 이렇게 아이들은 하나를 가르쳐주면 더 많은 것을 배우고 느낀다.

10. 주제를 마무리하며

소비자라면 누구나 시장에 행사할 수 있는 힘. 착한 소비의 힘을 아이들이 잘 사용해 세상이 조금은 더 나은 곳이 되기를 바란다.

영상이나 책을 보면서 동물실험을 한 화장품을 썼거나 어린이노동으로 만들어진 식품을 먹었다는 생각에 많이 미안했다.

예전까지만 해도 뉴스에 이런 이야기가 나오면 "이걸 내가 어떻게 멈춰…." 하고 생각했는데 이번 학습을 통해 소비의 방식이 달라지면 세상도 바뀔 수 있다는 것을 알게 되었다.

착한 소비 현장체험학습에서 우리 모둠은 로컬푸드 코너에 갔는데 돈은 4000원뿐인데 사고 싶은 것은 훨씬 많았다. 고구마와 감자 두 가지 다 사고 싶었지만 돈이 모자랐다. 두 가지 다 무농약, 로컬푸드에다가 포장지는 재활용할 수 있었다. 아이들끼리 의견이 달라 결정을 하는 데 시간이 많이 걸렸다.

(중략)

나는 이런 전쟁 같은 일을 겪으면서 올바르게 사는 것은 기본이고 타협하는 방법을 한 번 더 알게 되었다.

_학생 소감문 중

경제활동을 단순히 생산활동으로만 생각했었는데…. 착하고 현명한 소비에 대해서도 ○○의 설명을 듣는 내내 생각하게 되었습니다. '과연 나는 올바른 경제활동을 해오고 있었는가?' 한 명 한 명의 제대로 된 경제활동이 개인의 중요성과 기쁨에 머무는 것이 아니라 우리 사회, 아니 전 세계에 크나큰 긍정적 나비효과를 가져올 거라 믿습니다.

_학부모 소감문 중

['세상을 바꾸는 힘' 차시 운영계획]

차시	과목	단원-차시	활동 내용
1	사회	1-①	통합 주제 개관, 사회 1단원과 과학 1단원 내용 개괄하고 주제망 짜기
2	사회	1-②	경제활동에서 선택의 문제가 일어나는 까닭
3	과학	1-①	사진과 세밀화 식물 사전을 이용해 우리 주변의 식물 이름 외우기
4	과학	1-②③	학교 주변에서 자라는 식물 관찰하기
5	사회	1-③	자원의 희소성 게임하기
6	사회	1-④	물건을 살 때 올바른 선택 기준 알아보기 EBS 〈지식채널e〉 '산다는 것'
7	사회	1-⑤	바람직한 소비를 위한 방법 알아보기
8	국어	3-①	《착한 소비가 뭐예요》 1장 읽고 이야기 나누기 (선생님이 읽어줌)
9	미술		식물 한 가지 정해 세밀화 그리기
10	과학	1-④	여러 가지 식물의 잎을 관찰하고 생김새에 따라 분류하기
11	국어	3-②	《착한 소비가 뭐예요》 2장 읽고 이야기 나누기 (선생님이 읽어줌)
12	국어	3-②	《착한 소비가 뭐예요》 3장 읽고 이야기 나누기 (선생님이 읽어줌)
13	과학	1-⑤	들과 산에 사는 식물의 특징 알아보기
14	과학	1-⑥	연못과 강가에 사는 식물의 특징 알아보기
15	과학	1-⑦	특이한 환경에 적응해 사는 식물의 특징 알아보기
16	국어	2-①	《착한 소비가 뭐예요》 4장 읽고 이야기 나누기 (선생님이 읽어줌), EBS 〈지식채널e〉 '커피 한 잔의 이야기'
17	국어	2-②	《착한 소비가 뭐예요》 5장 읽고 이야기 나누기 (선생님이 읽어줌)
18	국어	2-③	문단의 구조에 맞게 제안하는 글 쓰는 방법 알아보고 착한 소비에 관해 제안하는 글쓰기
19~20	국어	2-④⑤	착한 소비에 관한 공익광고 만들기

21	과학	1-⑧	생활 속에서 식물을 어떻게 이용하는지 알아보기, 식물을 이용한 천연 제품 만들 계획 세우기
22	국어	5-①	컴퓨터로 식물을 이용한 천연 제품 만들기 보고서 쓰는 방법 알아보기
23~24	과학	1-⑨⑩	식물을 이용한 천연 제품 만들기와 효과 실험하기
25~27	국어	5-②③④	컴퓨터로 식물 보고서 쓰기
28~29	미술		압화 책갈피, 천연 염색 손수건 만들기
30~31	사회	1-⑥⑦	하나로마트 현장체험학습
32	창체		녹색가게
33	창체		통합 학습 마무리하고 소감 나누기

5장

내 꿈을
펼쳐라

주제통합 '세상을 바꾸는 힘'이 사회 1단원의 소비생활을 중심으로 재구성한 것이었다면, 이번 주제는 사회 1단원의 생산 활동을 중심으로 노동의 가치를 깨닫고 미래 나의 꿈을 탐색해보는 활동이다. 단순히 희망이 아닌 실질적 적성을 알아보기 위해 표준화 검사 결과를 활용했다.

사회과와 창의적 체험활동 시간을 통합해 미래의 유망 직종을 알아보고 관련 분야 대가의 인터넷 강의를 듣는 등 저학년 때보다는 좀 더 구체화된 진로 탐색을 해보았다. 관심이 가는 분야에 대한 탐색이 끝나면 국어과 5단원 '컴퓨터로 글을 써요' 시간을 이용해 나의 꿈에 대한 탐구 보고서를 작성하고 미술 시간을 이용해 미래 명함을 만들었다.

1. 주제망 짜기와 기본 개념 익히기: 진로 탐색과 노동의 가치

주제통합학습의 첫 시간에는 언제나 함께 주제망을 짠다. 주제의 취지를 설명하고 아이들에게 공부하고 싶은 내용, 체험하고 싶은 활동에 대한 의견을 물었을 때, 많은 아이가 키자니아, 잡월드와 같은 직업 체험이 가능한 곳으로 체험학습을 가자는 의견을 냈다. 그러나 우리 학교에서는 5학년, 6학년이 같은 곳으로 체험학습을 가기 때문에 이 부분을 설명하고 다음 학년에서 체험학습을 가도록 안내했다. 또 직업 탐방을 가거나 다양한 직업을 가진 분들을 학교로 초청해 진로 체험을 해보는 프로그램을 제안하는 아이도 있었는데 사전 준비가 많이 필요한 활동이어서 실행하지 못했다는 점이 아쉬웠다. 다만, 본교 6학년에서 학생들이 선택해 참여하는 강사 초빙형 진로 체험활동이 진행되었기에 별도로 소개하고자 한다.

주제망을 짠 후 교과서를 중심으로 기본 개념을 공부했다. 교육과정을 재구성할 때 유의할 점은 교과서를 지나치게 경시해 아예 활용을 않거나 아이들이 때로는 주입식으로 익혀야 할 기본 개념에 대한 학습을 소홀히 하는 것이다. 지나치게 활동 위주로 공부하게 되면 재미는 있는데 남는 것은 별로 없는, 주객이 전도된 상황이 발생할 수 있다. 그렇기 때문에 아이들이 꼭 알아야 할 개념은 반드시 학습할 수 있도록 잘 짚어주어야 한다.

교과서를 활용해 생산활동의 뜻, 생산 요소, 생산활동의 종류,

물건이 우리에게 오기까지의 과정을 살펴보았다.

물건이 우리에게 오기까지의 과정을 구체적으로 살펴보면서 산업화 이전과는 다른 분업의 장단점에 대해서도 쉽게 설명해주었다. 수업 시간에 설명을 할 때는 한 가지 사실만이 아니라 그것과 연관된 다양한 분야와 관점을 함께 이야기해주는데, 이러한 교사의 설명 스타일은 아이들이 지식을 통합하고 재구성하는 데 도움을 주리라 생각하기 때문이다. 이를 위해서는 교사 자신이 다양한 배경지식과 경험을 지니고 있어야 하고, 많은 책을 읽는 것보다 더 좋은 방법은 없다고 생각한다.

주요한 경제적 개념과 더불어 생산 활동의 중요성, 노동의 가치를 함께 생각해보고 싶어 관련 동화책을 찾아보았으나 적당한 것을 찾지 못했다. 직업을 소개하는 책은 많지만 어린이 수준에 맞게 노동의 가치를 알려주는 책은 찾기가 어려웠다.

그 대신 이브 번팅의 《하루》라는 책을 읽어주었는데, 노동의 가치보다는 밥벌이의 어려움, 직업윤리의 중요성을 일깨우는 책이다. 이런 분야의 어린이 책도 많이 발간되었으면 좋겠다는 아쉬움이 들었다.

또한 박완서의 《7년 동안의 잠》이라는 동화책을 같이 읽었는데 다양한 해석과 토론이 가능한 책이라서 적극 추천한다. 이 책은 땅속에서 잠자고 있는 매미 유충을 발견한 개미들에 관한 이야기로, 우리는 이 이야기를 진로와 관련지어 생각해보았다. 매미 유충을 통해서는 자신의 꿈을 이루기 위해 부지런히 연마하는 자

이브 번팅,《하루》,
보물창고, 2006

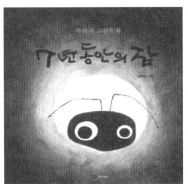

박완서,《7년 동안의 잠》,
어린이작가정신, 2015

세를, 개미를 통해서는 부지런함을 이야기할 수 있었고, 나와 다른 가치를 가진 사람의 생각과 역할을 존중하는 태도를 배울 수 있었다.

2. 진로 선택의 기준 이야기 나누기

진로라고 하는 것은 결국 어떤 직업을 가질 것인가, 무엇을 하면서 경제생활을 영위할 것인가의 문제라고 생각한다. 요즘 4차 산업 시대를 맞아 미래 직업의 모습이 급격하게 변화할 것이라고 전문가들은 예고한다. 또한 한 가지 직업에 평생 종사했던 과거와는 달리 한 사람이 두 가지 이상의 직업을 동시에 혹은 순차적으로 가질 것이라고도 말한다. 미래의 변화가 급격하고 예측이 어려울수록 확실한 판단의 근거가 더더욱 필요하리라 생각한다. 그래서 아이들과 진로를 결정할 때, 더 좁혀 말하면 직업을 선택할 때의 기준에 대해 이야기를 나누어보았다.

돈을 많이 벌 수 있느냐가 직업 선택의 최우선 기준이라는 아이도 있었고, 적성 적합 여부가 판단의 우선 기준이라는 아이들도 있었다. 그 밖에도 직업의 안정성, 직업의 생존율에 관한 의견도 나왔다. 여기까지가 우리가 흔히 고려하는 직업 선택의 기준이다. 이 수업에서 아이들에게 절대적 영향력을 끼치는 부모님의 가치관을 엿볼 수 있었다. 하지만 여기에 더해 우리들은 '행복'과 '사회적 공헌도'에 대해서도 이야기를 나누었다. 물론 아이들과의 수업 중에는 이런 어려운 용어를 직접 사용한 것은 아니고 좀 더 쉬운 말로 풀이해 이야기했다.

우리가 열심히 공부하고 일하는 궁극적인 목적은 개인의 행복이어야 한다고 생각한다. 따라서 성공의 잣대는 남이 아닌 내가 되어야 한다는 것. 돈을 많이 벌고 명예를 얻고 남이 부러워하는 삶을 살기보다는 내가 좋아하는 일을 하며 주변에서 소소한 행복을 찾을 수 있는 촉수를 가지고 늘 행복하게 살았으면 좋겠다고 아이들에게 말했다.

과학적 시각으로 인간을 분석하면 누군가의 말처럼 이기적 유전자의 집합체라고 생각할 수 있겠으나, 사회적 상호관계 속에서 우리 인간이 키워온 이타성 또한 우리의 유전자에 각인되어 있을 것이고, 이를 통해 우리는 스스로의 존귀성을 느낀다고 생각한다. 남에게 도움이 된다고 생각할 때 우리는 흔히 삶의 의미를 느끼지 않는지. 따라서 직업을 선택할 때도 나의 직업이 사회에 미치는 영향, 나의 직업과 삶이 이 세상을 조금이라도 좋은 곳으로 만드는 것인지 또한 고려해보았으면 한다는 이야기도 나누었다.

한 아이가 친구들에게 냈던 수수께끼 문제가 생각난다.

"금은 금인데 가장 귀한 금은?"

"지금."

아이들이 맞이하게 될 진로의 순간순간이 행복으로 가득 차기를 바란다.

3. 표준화 검사 결과 활용하기

내가 재직한 학교는 혁신학교로 아이들이 6개년간 세 번의 표준화 검사를 받을 수 있다. 먼저 2학년이 되면 적성검사, 4학년이 되면 성격 유형 검사인 에니어그램, 6학년이 되면 학습유형 검사를 받는다. 물론 비용은 혁신학교 운영비에서 부담하고, 아이들은 보다 구체적이고 과학적인 데이터에 근거한 자기 이해를 할 수 있게 된다. 하지만 대부분의 경우 검사 결과를 가정에 배부하는 것으로 그치거나 학생을 이해하는 수단 정도로만 활용하고 있었다.

우리 교실에서도 3월에 각 가정으로 검사 결과지를 배부하고,

학부모 상담 때 학부모들과의 상담에만 결과를 활용했기에 아이들은 구체적으로 자신의 성격 유형에 대해 잘 알지 못하는 상태였다.

따라서 이번 주제통합을 통하여 에니어그램을 분석하는 방법을 자세하고 알기 쉽게 설명해주고 자신의 결과를 분석해보도록 하였다. 3월에 나누어준 검사 결과지를 분실한 아이들이 많았기에 교사용으로 보관하고 있던 결과지를 주고 수업을 진행했다. 몇몇 아이의 입에서 탄성이 터져 나왔다.

"선생님, 너무 신기해요. 진짜 저랑 똑같아요."

에니어그램에서는 성격 유형과 함께 간단하게 진로 유형과 학습 유형도 제시되기 때문에 자신에게 어떤 진로가 적당할지, 어떻게 공부하는 것이 효율적일지에 대해서도 함께 생각해볼 수 있다. 물론 검사 결과가 신기하게도 들어맞는 경우도 있었지만 그렇지 않은 경우도 있었기 때문에 다중지능 검사를 병행하기로 했다.

다중지능 검사가 의미를 지니기 위해서는 아이들이 먼저 다중지능에 대해 이해할 수 있어야 한다. 그래서 EBS〈다큐프라임〉'아이의 사생활 4부-다중지능' 편을 같이 보며 이해할 수 있도록 설명을 곁들였다. 책으로도 나와 있기 때문에 함께 참고해 이야기를 나누었다.

다중지능이론은 지능이 높은 아동은 모든 영역에서 우수하다는 종래의 획일주의적인 지능관을 통렬히 비판하면서, 인간의 지적 능력은 서로 독립적이며 상이한 여러 유형의 능력으로 구성된 다는 가드너(H. Gardner)의 지능 이론이다. 가드너는 지능을 다음의 8개 유형으로 구분했다.

① 언어(linguistic)
② 논리수학(logical-mathematical)
③ 공간(spatial)
④ 신체운동(bodily-kinesthetic)
⑤ 음악(musical)
⑥ 대인관계(interpersonal)
⑦ 자기 이해(intrapersonal)
⑧ 자연 탐구(natural)

언어 지능은 사고하고 복잡한 의미를 표현하는 언어를 사용하는 능력이다. 논리수학 지능은 계산과 정량화를 가능하도록 하고 명제와 가설을 생각하며 복잡한 수학적 기능을 수행하는 능력이다. 공간 지능은 내외적 이미지의 지각, 재창조, 변형 또는 수정이 가능하도록 하며, 자신이나 사물을 공간적으로 조정하며 그래픽 정보로 생산하거나 해석이 가능하도록 하는 능력이다. 신체운동 지능은 대상을 잘 다루고 신체적 기술을 잘 조절하는 지능이다.

음악 지능은 음의 리듬, 음높이, 음색에 대한 민감성을 보이는 능력이다. 대인관계 지능은 타인을 이해하고 타인과 효과적으로 상호 작용하는 능력이다. 자기 이해 지능은 자신에 대한 정확한 지각과 자신의 인생을 계획하고 조절하는 지식을 사용할 수 있는 능력이다. 자연 탐구 지능은 자연의 패턴을 관찰하고 대상을 정의하고 분류하며 자연과 인공적인 체계를 이해하는 능력이다.

가드너는 인지과학 및 신경과학의 이론, 뇌손상 환자들에 대한 임상적 자료, 천재·자폐성 아동 등 특수집단의 지적 능력에 관한 자료들에 근거해 8개의 지능 모두가 우수한, 이른바 '전능한' 사람은 없다고 주장한다. 그런 측면에서 정신지체 아동이라 할지라도 8개 지능 모두가 지체된 것은 아니라고 할 수 있다.•

동영상은 자신의 강점 지능에 맞게 직업을 선택한 사람들과 그렇지 않은 사람들을 비교하며, 지능의 복합성과 진로 선택의 구체적 방향성을 제시해주고 있다. 아이들은 강점 지능과 직업이 일치해 성공한 사람들의 예를 보며 무척이나 신기하다는 반응을 보였다. 다만, 동영상 길이가 60분 정도로 길기 때문에 필요한 부분만 편집해 사용했다. 편집이 어려운 경우는 교사가 미리 영상을 보고 필요 없는 부분의 시간대를 적어두었다가 건너뛰며 보는 방법도 사용할 만하다.

다중지능이론에 관해 이해한 후, 다 함께 컴퓨터실로 가서 간이 다중지능 검사를 했다. 인터넷 포털사이트에 '다중지능 검사'라고

• 네이버 지식백과, 다중지능이론(多重知能理論, multiple intelligence theory)[《특수교육학 용어사전》, 국립특수교육원, 2009]

검색하면 multiiqtest.com을 찾을 수 있는데 총 6페이지의 56문항을 컴퓨터에 바로 체크하도록 되어 있다. 성인용이기 때문에 아이들에게는 어려운 단어나 적당하지 않은 단어가 있어 사전에 안내했다. 가령 '직장 내 성희롱'이라는 용어는 '학교 폭력'으로, '회사생활'은 '학교생활'로 바꾸어 생각하도록 하는 식이다. 검사를 마치면 바로 결과가 강점 지능 순위로 제시되어 편리하게 활용할 수 있다.

아이들에게 미리 8개의 지능별 특징, 잘하는 일, 직업군, 다중지능을 기르는 방법에 관한 유인물을 나누어주었기에 아이들 스스로 검사 결과를 분석하는 데 큰 무리는 없었다.

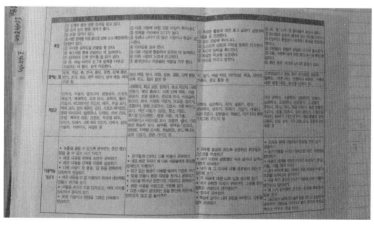

다중지능 검사 결과 분석표

에니어그램 결과 분석표

4. 미래 유망 직업 탐색하기

두 가지 표준화 검사를 바탕으로 자신의 진로를 설정해보는 활동을 하기 전 미래 유망 직종을 먼저 탐색했다. 아무리 자신의 적성에 맞는다 하더라도 곧 사라질 직업을 진로로 선택하는 것은 의미가 없기 때문이다.

먼저 EBS에서 방영한 〈직업의 미래-'코딩(소프트웨어 시대)'〉•을 같이 시청했다. 로마제국시대에 활약했던 소변 세탁부, 유럽에서 1863~1950년에 전문성을 가진 인기 직업이었던 지하관 우편배달부 등, 지금은 사라진 직업을 예로 들며 직업의 미래를 예측하는 동영상으로 많은 시사점을 얻을 수 있는 수업 자료이다. 이 밖에도 책이나 인터넷을 통해 미래 유망 직종에 관한 다양한 정보를 찾아보았다.

직업은 사회의 필요를 바탕으로 하기 때문에 미래 사회의 모습을 그려보는 것만으로도 아이들이 쉽게 예측할 수 있다. 고령화로 인한 실버 산업, 수명 연장과 건강을 인한 유전자공학, 우주 관련 산업, 에너지 고갈 시대를 대비한 대체에너지 관련 산업, 사물인터넷이나 인공지능 관련 산업 등 다양하게 고려한 후 본격적으로 자신의 진로 탐색에 들어갔다.

5. 사이버 진로 탐색과 나의 꿈 탐구 보고서 쓰기

두 가지 표준화 검사와 미래 유망 직종 학습을 마친 후 자신의 관심 분야에 대한 구체적인 탐색에 들어갔다. 아이들은 이번 주제 통합교육 시작 전부터 준비물이 이어폰이라는 것에 무척 흥분했는데, 드디어 이어폰을 사용할 시간이 온 것이다. 학교 컴퓨터실 사용 시간을 하루 온종일 우리 반이 사용할 수 있도록 조정했다.

● tvcast.naver.com/v/240458

아이들은 컴퓨터실에 가서 '사이버진로교육센터'의 직업 동영상, EBS TV의〈세상을 바꾸는 15분〉, KBS1 TV의〈오늘 미래를 만나다〉 등을 시청하고 웹서핑을 했다. 〈오늘 미래를 만나다〉 중 카이스트 배상민 교수의 강연은 적극 추천하고 싶다. 2부에 걸쳐 꿈과 나눔을 주제로 한 가슴이 뜨거워지는 명강의다.

지금까지 공부한 내용을 바탕으로 아이들은 '나의 꿈 탐구 보고서'를 작성했다. '나 들여다보기', '진로 탐색 하기'로 나누어 '나 들여다보기'에는 좋아하는 일, 잘하는 일, 학년 초 장래 희망, 에니

나의 꿈 탐구 보고서

어그램 검사 결과, 다중지능 검사 결과를 적게 했다. '진로 탐색하기'에는 나의 꿈, 내 꿈이 하는 일, 내 꿈이 사람들에게 주는 도움, 내 꿈과 관련해 성공한 사람(책, 강연 듣고 간단한 내용과 소감 적기), 꿈을 이루기 위해 할 일을 쓰도록 했다.

아이들은 표를 작성하거나 편집하는 것에 아직 익숙하지 않기 때문에 시간 절약을 위해 보고서 양식은 미리 교사가 작성해 학급 누리집에 올려놓았다.

6. 미래 명함 만들기

위의 활동을 마치고 미술 시간을 활용해 미래 명함을 만들었다. 진로에 대해 깊이 고민한 만큼 다양하고 창의적인 명함이 만들어졌다.

학생들이 자신의 꿈과 직업의 특성을 살려서 만든 미래 명함

7. 주제를 마무리하며

이번 주제는 아이들이 그동안 자신의 꿈에 대해 이렇게 집중적이면서 구체적으로 탐색해본 경험이 거의 없었기 때문에 무척이나 재미있어 했다. 그리고 무엇보다 아이들이 친숙하게 느끼는 컴퓨터라는 매체를 마음껏 사용할 수 있었다는 점에서 반응이 좋았다.

주제 통합을 마무리하는 시간에는 늘 소감을 나누는데 한 여자아이의 이야기가 마음에 와 닿았다.

"선생님, 저는 이 수업을 안 했으면 큰일 날 뻔했어요."

"왜?"

"저는 지금까지 저의 적성이나 좋아하는 일에 대해 자세히 생각해보지 않고 '꿈이 뭐다'라고 이야기했는데 이번에 자세히 공부해보고 나니 확실히 알게 되었어요. 만약에 이 공부를 안 했으면 엉뚱한 직업을 선택했을지도 모르잖아요."

이 아이는 다중지능 검사에서 언어 지능과 신체운동 지능이 높게 나왔는데 이와 관련된 직업을 탐색해보고 나서 꿈을 여행작가로 정했단다.

아이들의 가능성은 무한하기에 꿈과 진로는 얼마든지 바뀔 수 있다. 하지만 이번 주제를 통해 아이들은 자신을 성찰하는 방법, 진로를 결정할 때의 기준, 깊이 있는 탐색 경험 등을 배웠을 것이다. 이러한 배움의 경험은 단편적인 지식과는 달리 다른 상황에서도 확대 적용이 가능한 유용한 학습 도구가 되리라 기대한다.

　'내 꿈을 펼쳐라'를 공부하며 처음에는 '내 꿈이 뭐지?', '무엇을 하면 좋을까?' 등 궁금한 점이 많았는데 에니어그램, 다중지능 검사를 통해 나에게 맞는 적성을 알게 되었고, 나에게 가장 잘 맞는 직업과 그 직업이 하는 일을 알게 되어서 좋았다. 그리고 그 직업 이외의 다른 직업에 대해서도 강의를 듣고, 그 직업을 찾아보고 확인하고 이런 모든 것이 색다르고 재미있었다. 여러 주제통합을 했는데 '내 꿈을 펼쳐라'가 짧아서 아쉬웠다. 하지만 1주일밖에 안 되는 짧은 기간 동안 무척 재미있었다.

_학생 소감문 중

　창의력과 기획력 등이 발휘되는 참 좋은 꿈을 생각하고 있구나. 다양한 분야에 디자이너 전문가가 되어 직접 디자인한 캐릭터가 나오게 되면 정말 기분이 좋겠구나.
　○○이는 꼼꼼한 성격을 가지고 있어서 너의 꿈을 이루는 데 많은 도움이 될 것 같아. 꿈을 향해 파이팅!

_학부모 소감문 중

['내 꿈을 펼쳐라' 차시 운영계획]

차시	과목	단원-차시	활동 내용
1	사회	1.경제생활과 바람직한 선택-⑤	통합 주제 개관, 주제망 짜기, 생산 활동의 뜻, 생산요소 알아보기
2	사회	1-⑥	물건이 우리에게 오기까지의 과정을 통해 생산 활동 알아보기
3	사회	1-⑦	여러 가지 생산 활동을 종류별로 나누어보기
4	사회	1-⑧	생산 활동이 이루어지지 않으면 어떤 어려움이 있는지 알아보기(이브 번팅의 《하루》 읽기), 진로 선택 기준 토론하기
5	사회	1-⑨	주변에 있는 사람들이 하는 일 알아보기
6	사회	1-⑩	사람들이 하는 일이 서로 어떤 도움을 주는지 알아보기(박완서의 《7년 동안의 잠》 읽기)
7	사회	1-⑪	나의 장점과 좋아하는 일 찾아보기, 에니어그램 결과 분석하기
8	사회	1-⑫	다중지능에 대해 알아보고 검사하기
9	창체	진로 탐색-①	미래 유망 직업 탐색해보기
10	창체	진로 탐색-②	관심 있는 분야에서 성공한 사람에 대해 찾아보기. 인터넷 강의가 있으면 들어보기
11	창체	진로 탐색-③	관심 있는 분야에서 성공한 사람에 대해 찾아보기. 인터넷 강의가 있으면 들어보기
12	창체	진로 탐색-④	그 직업을 위해 대학 전공 알아보기
13-15	국어	5. 컴퓨터로 글을 써요-⑤⑥⑦	컴퓨터를 이용해 '나의 꿈 탐구 보고서' 작성하기
16-17	미술		미래 명함 만들기
18	창체		주제통합 마무리, 소감 나누기, 배움 공책 정리

6장

아는 만큼 보인다

알아야 느낄 수 있고 느껴야 사랑할 수 있다.

고등학교 때 수학여행으로 경주에 간 적이 있다. 우리나라의 대표적인 문화재인 첨성대나 석굴암을 보고도 아무 감흥이 없었다. 너무나 작은 규모에 실망감만 느꼈을 뿐.

교사가 되고 나서 유홍준 교수의 《나의 문화유산 답사기》를 읽기 시작했다. 우리 문화에 대한 무한한 애정과 풍부한 고증으로 기술된 유홍준 교수의 책은 나에게 새로운 세상을 열어주었다. 진짜 '아는 만큼' 보이기 시작한 것이다. 아이를 들쳐 업고 돌길을 걷고 또 걸어 서산 마애삼존불을 찾았고, 남도 답사 1번지인 해남을 찾았다. 지금의 첨단기술로도 재현해낼 수 없다는 에밀레종과 종고리에 끼우는 쇠막대와 관련된 이야기를 읽었고, 경주 석굴암에 얽힌 수난의 역사를 찾아 읽었다. 그리고 다시 찾은 경주.

내비게이션이 없던 때라 물어물어 찾아간 감은사지의 거대한 석탑. 그 조형미와 호국을 위한 염원이 고스란히 느껴져 온몸에 전율이 흘렀다. 석굴암 앞의 제자리를 찾지 못한 채 천 년이 넘는

긴 세월을 견디고 있는 돌무더기를 쓰다듬으며 눈시울이 뜨거워졌다.

바로 이 느낌. 알아야 보이고, 보여야 느끼고, 느껴야 사랑을 할 수 있는 그 느낌을 아이들도 느끼게 해주고 싶었다. 그래서 시작한 것이 '아는 만큼 보인다' 프로젝트.

국어과에서 '주제를 정해 다양한 방법으로 정보를 조사하고, 알기 쉽게 발표'하는 성취기준을 이 프로젝트와 연결 지어 수업을 진행했다. 프로젝트의 주제는 필자가 근무하는 학교에서 전철로 쉽게 이동할 수 있는 '경복궁'으로 정하고 아이들과 같이 자료를 조사하기 시작했다. 기본 자료는 책과 동영상. 책은 《go go! 체험학습 역사가 좋다-경복궁 이야기》를 모둠별 한 권씩 사용할 수 있도록 구매해 기본 자료로 사용했고, 그 밖에도 《경복궁 마루 밑》, 《경복궁에서의 왕의 하루》와 같은 책을 학급문고로 구비해놓고 같이 읽어나갔다.

교육과정을 재구성하는 방법에서도 이야기했지만 모든 프로젝트나 주제통합에는 중심이 되는 책이 있고, 그 책은 아이들이 사서 개별적으로 읽는 것이 아니라 교사가 수업 시간에 읽어주는 것을 원칙으로 했다. 이번 프로젝트에서 교사는 《경복궁에서의 왕의 하루》, 《경복궁 마루 밑》을 읽어주며 흥미를 유발하고 정보를 제공했다. 동영상은 텔레비전에서 방영했던 대하드라마 〈정도전〉을 부분 편집해 이용했고, 예능 프로그램인 〈해피선데이-1박2일〉 '경복궁' 편을 수업 자료로 활용했다.

국어과를 중심으로 자료를 조사하며 학습지를 해결하고, 독서 골든벨, 동영상을 시청했다. 각자 역할을 맡아 경복궁에 대해 해설할 수 있도록 준비했고, 해설하는 대상은 모둠별 1명의 볼런티어 어머니로 했다. 즉, 아이들 4명이 어머니 한 분을 학교에서부터 경복궁까지 모시고 가서, 조선의 건국에서부터 경복궁의 수난 역사, 각 전각의 쓰임까지 직접 해설하고 돌아오는 프로젝트인 것이다. 미술 시간을 활용해 경복궁 배치도까지 그려보았기 때문에 아이들은 경복궁의 구조를 완벽하게 알고 있는 상태로 경복궁에 다녀올 수 있었다.

1. 주제망 짜기: 아는 만큼 보인다

이번 프로젝트는 주제통합이 아니고 프로젝트 수업이기 때문에 첫 시간에 간략하게 프로그램을 소개하는 식으로 주제망을 짰다. 국어 교과의 한 단원만을 재구성한 것이고 목표가 분명했기에 아이들의 의견을 수용하기보다는 교사의 계획을 설명하는 방법으로 주제망을 짰다.

먼저 교사의 고등학교 수학여행 이야기를 해주며 이번 프로젝트의 취지를 설명했다. 경복궁에 대해 잘 외우는 것이 아니라 문화재를 바라보는 눈, 더 나아가 사물을 바라보는 시각의 변화를 느껴보는 것에 있다는 것. 본 수업의 성취기준은 알리고 싶은 내용을 이해하기 쉽게 발표하는 것이기에 교과서 앞부분의 내용을 간략하게 먼저 다루었다.

2. 사전조사 활동과 학습 게임

이번 프로젝트는 짧지만 아이들에게는 자칫 어려울 수 있는 내용이어서 아이들의 흥미를 끌 수 있는 자료를 다양하게 활용하고 여러 가지 활동도 겸했다.

먼저 조선의 건국에 관한 드라마인 〈정도전〉 중에서 위화도회군, 조선의 건국 부분을 편집해 개략적인 설명 후 보여주었다. 조선의 법궁인 경복궁에 대해 알기 위해서는 조선의 역사를 알아야 했기에 아이들의 수준에 맞추어 다양한 자료를 투입한 것이다. 그리고《경복궁 마루 밑》,《경복궁에서의 왕의 하루》등의 책을 국어시간 이외에도 아침 시간 등을 이용해 지속적으로 읽어주었다. 그리고 틈틈이 역사를 이야기 형식으로 풀어 쉽게 설명했는데, 이를위해 사전에《나의 문화유산 답사기》,《쏭내관의 재미있는 궁궐기행》등을 읽고 머릿속에 지식과 스토리를 담아두었다.

가끔 최고의 교육 자료는 교사 자신이 아닐까 하고 생각한다. 교사가 '무엇'을 가르쳐야 할지 정확하게 알고 있다면 '어떻게'는 별 문제가 되지 않는 경우가 많다. 교사의 설명 하나만으로도 아이들은 충분히 재미있고 정확하게 학습할 수 있다. 역사란 그야

말로 옛날이야기여서 아이들에게 옛날이야기를 해주듯 많은 이야기를 들려주었고, 아이들은 눈을 반짝이며 듣는 과정에서 자연스럽게 문화재 해설을 위한 역사적 지식을 쌓았다.

경복궁 해설을 위한 조사활동도 병행했는데 이를 위해 학교도서관에 《go go! 현장체험학습 역사가 좋다-경복궁 이야기》를 학급별로 6권씩 사달라고 신청했고, 이를 모둠별로 한 권씩 배부했다. 아이들은 돌아가며 책을 읽고 그 책을 기본으로 학습지에 조사활동을 했다. 어려운 내용은 교사가 사전에 학습지에 답을 적어주고 설명해주었다.

경복궁에 대한 조사가 어느 정도 끝나갈 무렵, 〈해피선데이-1박 2일〉 '경복궁' 편을 보며 함께 미션 문제를 풀어보았다. 유홍준 교수가 직접 나와서 경복궁에 대해 설명하고 문제도 내는 방송이었는데, 아이들은 문제가 나오자마자 큰소리로 답을 외쳤고, 답을 맞히지 못하는 출연자들에게 "그것도 모르냐."며 제법 큰소리를 쳤다. 자기들이 유명 연예인보다 경복궁에 대해 아는 것이 많다는 것만으로도 분위기는 달아올랐다. 아이들의 반응에서 이미 자신감과 당당함이 묻어 나왔다.

다음으로 우리는 그동안 익힌 내용을 바탕으로 골든벨 퀴즈대회를 했다. A4 2장 크기만 한 화이트보드를 모둠 수만큼 준비해놓으면 다양하게 활용할 수 있는데 그중 하나가 골든벨 퀴즈대회이다. 모둠 대항으로 대회를 했고, 아이들은 서로 알고 있는 내용을 나누며 문제를 잘 풀어냈다.

[경복궁 사전조사 학습지]

경복궁! 아는 만큼 보인다

청계초등학교 4학년 반 번 이름

(1) 조선의 건국:

(2) 경복궁 수난 역사:

(3) 3문 3조: 경복궁은 3문 3조의 건물이다. 3문이란 길 밖에서 가장 중심이 되는 건물인 근정전에 이르기까지 거쳐야 하는 문이 3개(광화문, 흥례문, 근정문)라는 뜻이다. 3조는 외조, 치조, 연조를 말하는 것으로 외조는 외국 사신을 맞이하고 모든 신하들이 한 달에 네 번 조회를 하던 근정전을 말한다. 치조는 왕과 신하가 나라의 일을 하던 곳이고, 연조는 침조라고도 하는데 왕과 왕비, 대왕대비가 개인적인 생활을 하고 잠을 자던 곳이다.

(4) 육조거리:

(5) 동십자각:

(6) 광화문(해치상 포함):

(7) 영제교와 금천, 동물 조각상(천록상): 영제교는 경복궁의 두 번째 문인 흥례문과 세 번째 문인 근정문 사이에 있는 금천 위에 있는 다리이다. 풍수지리에서는 경복궁과 마주 보는 관악산은 불의 기운이 있다고 한다. 그래서 화재를 막기 위해 금천(옛날에는 물이 흐름)을 흐르게 하고 그 위에는 천록이라는 동물상을 만들어놓았다. 천록은 왕이 나라를 잘 다스리면 나타난다는 상상의 동물인데 총 4개가 있고, 하나는 메롱하는 모습이다. 또 하나는 임진왜란 이후 다른 곳으로 옮겨졌다가 등이 뚫렸다고 한다. 다 함께 찾아보자.

(8) 근정전(답도, 품계석, 박석, 고리, 잡상과 동물들, 드므, 일월오봉산도, 용마루 포함):

(9) 경회루:

(10) 사정전(천추전, 만춘전 포함):

(11) 수정전:

(12) 강녕전:

(13) 교태전(아미산과 굴뚝):

(14) 자경전(꽃담과 십장생 굴뚝):

(15) 동궁(자선당, 비현각):

(16) 향원정(열상진원):

(17) 건천궁(명성황후 시해 사건 포함) :

☞ 광화문 앞 해설 순서: 조선의 건국→경복궁이 생긴 역사와 뜻(정도전, 무학대사)→3문 3조(자금성과 비교)→경복궁 수난 역사→육조거리→해치→동십자각

☞ 근정전 해설 순서: 인왕산과 북악산 사이에 있는 근정전→근정전 역할→3단 물 빠짐→박석→품계석→고리→답도→하월대 십이지신상, 석견)→상월대(오방신)→근정전 내부(일월오봉산도, 칠조룡)→드므

3. 경복궁 배치도 만들기와 사전 해설 연습하기

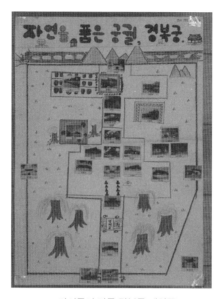

아이들이 만든 경복궁 배치도

　아이들이 부모님을 모시고 경복궁에 가서 해설하기 위해서는 위치 파악이 필수이다. 우리는 사전에 경복궁 전체의 배치도를 만들어보았는데, 다행스럽게도 경복궁의 대부분 전각들은 질서 정연한 좌우대칭 구조로 되어 있기 때문에 아이들이 위치를 파악하기가 어렵지 않았다. 모둠별로 경복궁 전각의 작은 사진을 나누어주고 배치도에 활용하도록 했다. 아이들은 그동안의 학습으로 자료를 참고하지 않아도 배치도를 스스로 꾸밀 수 있었다.

　미리 우리나라 궁궐의 나무들과 차경(借景)의 아름다움에 대해 이야기해준 보람을 배치도의 제복에서 느낄 수 있었다.

완성된 배치도를 이용해 해설 연습을 해보았다. 해설 연습은 자신을 대신하는 조그만 물건을 해설할 위치에 세워놓고 해설을 해보고, 모둠에서 정한 동선에 따라 옮겨 다니며 해설을 해보는 방식으로 진행했다. 총 다섯 모둠의 해설을 반복해서 들으며 아이들은 자연스럽게 자신이 담당한 내용을 숙지했고, 실제 상황에서 긴장하지 않고 잘 해낼 수 있었다.

사전 해설 연습 과정에서 교사가 주의해야 할 사항은 프로젝트의 목적을 늘 인지하는 것이다. 이 프로젝트의 목적은 아이들이 경복궁에 대한 사실을 외워서 해설하도록 하는 것이 아니라 우리 문화재에 대해 자긍심을 가지고 아름다움을 느낄 수 있도록 하는 데 있다. 따라서 아이들에게도 이 사실을 늘 상기시켜 실수를 두려워하거나 다른 사람의 실수를 비난하는 일이 없도록 해야 한다.

"괜찮아, 틀리면 어때. 기억이 나지 않으면 다른 친구들이 도와주면 되고, 틀려도 우리가 우리 문화재의 아름다움을 느끼고 사랑할 수 있으면 되는 거야."

4. 볼런티어 부모님들 사전 모임

이 프로젝트는 몇 해 전부터 지속적으로 시행해왔는데 부모님들의 반응이 뜨거워 볼런티어 모집을 하면 제일 먼저 마감되는 활동이다. 하긴 현장학습임에도 아이들을 인솔해야 하는 것이 아니라 아이들의 안내와 해설을 받는 활동이니, 부모님들로서도 흔하지 않은 경험이 될 터였다.

4인 1조로 해설을 할 예정이었기에 학급당 네다섯 분의 부모님을 모집하고 날을 잡아 사전 모임을 가졌다. 사전 모임은 몇 가지 이유에서 꼭 필요한데, 먼저 이 활동의 취지를 공유할 필요성이 있다. 그렇지 않으면 부모님들은 평소에 하던 대로 아이들을 이끌려는 경향이 있어, 분명한 당부의 말씀을 드릴 필요가 있다. 또한 볼런티어 여행자보험 가입을 위해 개인정보 동의서에 서명을 받아야 하고, 안전사고에 대비한 사전 안전교육도 반드시 해야 한다.

다음의 내용은 사전 모임에서 안내했던 내용이다.

[볼런티어 사전 모임 안내문]

1. 현장학습 일시: 2017년 10월 ( )일( ) 09:00~15:30

2. 일정 :

08:50~09:00	인원 점검 및 학생 안전 지도
09:10~10:00	학교 출발, 경복궁 도착
10:00~10:30	수문장 교대식 관람
10:30~12:30	볼런티어 선생님께 경복궁 해설
12:30~13:10	점심식사

13:10~14:10	고궁박물관 견학
14:10~14:30	인원 점검 및 학생 안전지도
14:30~15:30	경복궁 출발, 학교 도착 및 하교 지도

3. 준비물: 편한 복장, 볼런티어 개인 도시락, 물, 핸드폰, 교통카드(※입장료와 당일 여행자보험은 학교에서 지원합니다.)

4. 인솔할 아동 명단

아동명	성별	연락처

5. 부탁드립니다
 1) 개인 스마트폰에 모바일 재난안전정보 포털 앱인 '안전디딤돌'을 설치해주세요.
 2) 핸드폰에 담임교사와 인솔을 맡은 모둠 아동들의 연락처를 저장해주세요. 볼런티어 선생님의 연락처도 당일 아침 아이들 핸드폰에 저장할 수 있도록 해주세요.
 3) 비상사태 발생 시 침착하게 대처해주시고, 바로 담임교사에게 연락주세요.
 4) 안전 지도와 예절 지도는 철저하게 해주세요. 지하철 승하차 시, 에스컬레이터 이용 시, 횡단보도 이용 시 특히 주의하도록 부탁드립니다. 지하철 내에서의 소란, 경복궁에서의 문화재 보호에도 유의하도록 지도 부탁드립니다.
 5) 이번 현장학습의 목적은 자기주도적인 학습입니다. 아이들이 실수하거나 서툴더라도 안전과 예절 지도 이외에 어떤 설명이나 인솔도 하지 마시고, 아동의 설명을 들어주시고, 칭찬해주세요.
 6) 경복궁에서 간혹 궁궐 해설을 해주겠다고 따라붙는 사람들이 있으니 거절해주세요.
 7) 경복궁 권역 내에서는 문화재 보호를 위해 간식이나 식사를 금하고 있습니다. 물 이외에는 먹거나 마시지 않도록 지도해주세요.

8) 아동들이 문화재 해설을 하는 동안 사진이나 동영상 촬영을 하지 마시고 열심히 반응을 보이며 들어주시기 바랍니다.

9) 점심식사는 경복궁 답사를 모두 마친 후 경복궁의 북쪽 문인 신무문으로 나가 왼쪽으로 300미터 지점에 있는 무궁화동산에서 먹습니다.

10) 자녀분에 대한 특별 취급이나 과도한 애정 표현은 삼가주세요.

11) 교육활동 보조를 통해 알게 된 아동의 신상정보에 대해서는 비밀 유지 부탁드립니다.

12) 활동일 다음 날까지 담당했던 아이들에게 편지를 써서 보내주시기 부탁드립니다. 아이들이 스스로를 매우 자랑스럽게 생각할 것입니다.

5. 경복궁 현장학습, 문화재 해설사 되어보기

현장체험학습 당일 아이들은 조금은 긴장된 모습으로 교실에 모여 있었다. 해설해드려야 할 어머니들과 교실에서 인사하고, 아이들은 담당 어머니 한 분씩을 모시고 과천역으로 향했다. 경복궁까지 가는 전철 편을 미리 알아둔 터라 어렵지 않게 갈 수 있으리라. 평소 같으면 전철에서 자리가 나면 얼른 자리에 앉았을 아이들이 모시고 가는 어머니께 자리를 양보하고, 작은 목소리로 예절을 지키며 행동하는 모습이 참 대견했다.

경복궁에 도착해 어머니들께 표를 사드리고 모둠별 활동을 시작하도록 했다. 먼저 아이들은 어머니를 모시고 광화문 앞으로 가 조선의 건국 과정부터 설명했다. 3문을 지나 정전인 근정전에

경복궁 근정전 앞에서

도착한 아이들은 차경의 극치인 인왕산, 북악산을 양쪽으로 낀 근정전을 배경으로 사진을 찍고 해설에 나섰다.

현장체험학습에는 세 가지 형태가 있다. 문화재 해설사가 한 반에 한 명씩 배치되어 아이들을 데리고 다니며 해설하는 형태가 첫째이고, 두 번째는 교사가 미리 나누어준 미션지를 아이들이 들고 돌아다니며 해결하는 형태, 세 번째가 바로 우리 아이들처럼 스스로 해설하며 문화재를 느껴보는 형태이다.

현장체험학습 당일 근정전 건물 정면이 아닌 좌측 문을 통해 천장을 올려다보며 "근정전의 천장을 봐주시기 바랍니다. 천장 한가운데 황룡이 보이실 겁니다. 용은 오방신 가운데 중앙을 뜻하는 것으로…." 아이들의 목소리에는 자랑스러움과 당당함이 묻어

나 있었다.

그 모습을 자랑스럽게 바라보고 있던 내 눈에 재미있는 장면이 들어왔다. 교복을 입은 고등학생들이 해설을 하는 아이들 옆의 돌바닥에 앉아서 울퉁불퉁한 바닥에 대고 학습지에 무언가를 적고 있었다. 그 옆에서는 거울을 보며 입술에 빨간 틴트를 바르고 있는 여고생 한 무리가 있었다. 스스로 동기화되지 못한 아이들이 흔히 할 수 있는 행동이었다.

우리 아이들 중에 한눈을 팔거나 장난을 치는 아이는 한 명도 없었다. 자기들이 어머니를 책임지고 모시고 다니며 해설해야 한다는 책임감이 아이들을 무척이나 어른스럽게 만들었다. 경복궁을 나와 청와대 근처 무궁화동산에서 밥을 먹으며 한 어머니가 묻는다. "애들을 얼마나 잡으셨으면 아이들이 이렇게 잘해요?"

이번 프로젝트를 계획하면서 가장 조심한 것이 바로 그 점이었다. 무리하게 아이들에게 외우기를 강요하거나 규칙을 지키도록 무섭게 협박했다면 아이들은 아마 다시는 경복궁을 찾지 않게 되리라. 다양한 자료를 제공하고, 재미있는 활동을 하고, 끊임없이 격려하는 과정에서 아이들은 스스로의 역할을 훌륭하게 해내고, 그런 자신에 대한 자긍심을 가지게 된다고 생각한다.

경복궁 체험학습 계획서

청계초등학교 4학년 반 번 이름

1. 답사 날짜:

2. 답사 목적:

3. 우리 모둠 친구:

4. 준비물:

5. 관람 시간과 휴일:

6. 가는 방법(우리 학교에서 경복궁까지 전철로):

7. 유의 사항:

8. 역할 분담:

구분	건물의 역할	건물 이름	담당자
전체	조선의 건국, 육조거리, 동십자각, 3문 3조 구성, 광화문과 경복궁 수난 역사, 박석, 4대문, 해치, 영제교와 동물상(서수)		
정전 (외조)	공식적인 국가 행사나 조회, 외국 사신 접대가 이루어지는 곳	근정전, 경회루	
편전 (치조)	왕과 신하들이 국가의 주요 일을 보던 곳	사정전, 천추전, 만춘전, 수정전	
침전 (연조)	왕과 왕의 가족이 생활하던 곳	강녕전, 교태전, 자경전	
기타	그 밖의 건물	동궁(자선당과 비현각), 향원정, 건천궁, 집옥재, 소주방	

9. 이동 순서:

6. 문화재청에 제안서 보내기

체험학습을 다녀와서는 경복궁이 가진 문제점에 대해 신문기사를 보며 토론하고, 문화재청에 자신의 의견을 정해 제안하는 글쓰기 활동을 했다. 작년에는 경복궁의 전각을 비워둔 채 박제화된 보존을 할 것인가, 보존의 문제가 있기는 하나 다양한 용도로 활용할 것인가 고민해보고 문화재청에 제안하는 글을 써 보냈다.

올해 경복궁 현장체험학습을 위해 동학년 교사들과 사전 답사를 갔을 때 너무나도 놀라운 사실에 입을 다물 수 없었다. 작년까지만 해도 비어 있던 경복궁의 전각들이 개방된 것이다. 드라마 〈대장금〉으로 유명해진 소주방과 생물방이 개방되어 궁중 음식을 맛볼 수 있게 되었고, 무엇보다 비어 있는 게 가장 안타까웠던 집옥재, 즉 고종의 서재였던 곳이 도서관으로 개방되어 있었다.

유홍준 교수님이 청장으로 재직하면서부터 문화재청이 문화재 개방에 호의적이었던 것은 알고 있었지만, 공교롭게도 우리 아이들이 문화재청에 경복궁 전각을 이용하게 해달라는 제안서를 보낸 이후 전각이 개방되어 이루 말할 수 없는 기쁨과 자랑스러움으로 다가왔다.

사전 답사 다음 날 아이들에게 이 소식을 전했고, 아이들은 경복궁 해설을 하며 어머니들께 가슴 벅차게 이 소식을 또 전했다. 체험학습 후 한 어머니께서, 아이들이 생물방에 들어서자 그동안 차분하게 진행하던 태도를 버리고 서로 앞다투어 "여기가요, 바로 우리 선배들이, 문화재청에 제안해서 개방된 곳이에요."라며 말을 잇지 못하더라는 이야기를 들려주셨다. 참 가슴 찡한 감동이었다.

2016년 올해는 현장체험학습 후 경복궁 입장료의 현실화와 한복 대여에 관한 신문기사를 읽고 토론했다. 현재 경복궁 입장료는 3000원으로 어린이와 청소년은 무료, 한복을 입은 사람도 무료다. 외국의 유명 궁궐 입장료가 제시된 자료를 보며 입장료를 현실화해야 할 것인지, 더 많은 사람이 이용할 수 있도록 지금의 상태를 유지할 것인지에 대해 이야기를 나누었다. 또 하나는 '입기만 하면 경복궁 무료 입장이 되는 빌려 입는 한복이 중국이나 베트남 등지에서 만들어진 것으로 우리 전통한복 발전에는 도움이 되지 않는다.', '아니다, 한복의 대중화와 세계화에 기여하고 있다.'는 상반된 입장의 글을 읽고 자신의 의견을 정리해보기로 했다.

많은 아이가 입장료를 현실화해야 한다는 의견을 가지고 있었고, 이와 관련된 제안서를 작성했다. 또 어떤 아이는 경복궁 전각을 개방해 우리 전통한복 전시관을 만들고 그 옆에 전통한복 대여점을 만들어 한복의 대중화와 전통을 보존하고 계승하자는 취지의 제안서를 작성했다. 아이들과 생활하다 보면 어른 못지않은 멋진 아이디어를 제시해 깜짝 놀랄 때가 많다.

아이들의 제안서를 모두 모아 문화재청에 발송했다. 내년에는 경복궁에서 전통한복 전시관과 대여점을 만날 수 있을까?

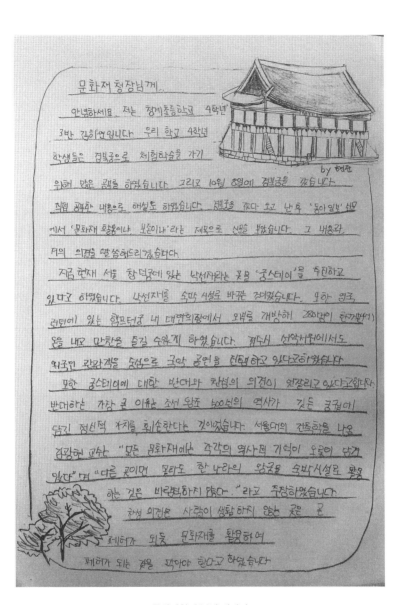

문화재청장님께

안녕하세요. 저는 청계초등학교 4학년 3반 김하연입니다. 우리 학교 4학년 학생들은 경복궁으로 체험학습을 가기 위해 많은 공부를 하였습니다. 그리고 10월 8일에 경복궁을 갔습니다. 직접 공부한 내용으로 해설도 하였습니다. 경복궁을 갔다 오고 난후 '동아일보' 신문에서 '문화재 활용이냐 보존이냐'라는 제목으로 신문을 보았습니다. 그 내용과 저의 의견을 말씀해드리겠습니다.

지금 현재 서울 창덕궁에 있는 낙선재라는 곳을 '궁스테이'을 추진하고 있다고 하였습니다. 낙선재를 숙박 시설로 바꾼 것이겠습니다. 또한 영국 런던에 있는 햄프턴궁 내 대연회장에서 오백로 개방해 280명이 런게함께 음식을 내려 만찬을 즐길 수 있게 하였습니다. 덕수서 선악사원에서도 외국인 관광객을 중심으로 국악 공연을 진행하고 있다고하였습니다.

또한 궁스테이에 대한 반대와 찬성의 의견이 엇갈리고 있다고합니다. 반대하는 가장 큰 이유는 조선 왕조 500년의 역사가 깃든 궁궐이 담긴 정신적 가치를 회손한다는 것이겠습니다. 서울대의 건축학을 나온 강량현 교수는 "모든 문화재에는 각각의 역사적 기억이 오롯이 담겨 있다"며 "다른 곳이면 몰라도 한 나라의 왕궁을 숙박시설로 활용하는 것은 바람직하지 않다."라고 주장하였습니다.

찬성 의견은 사람이 생활 하지 않는 곳은 곧 피해가 되므로 문화재를 활용하여 피해가 되는 것을 막아야 한다고 하였습니다.

문화재청에 보낸 제안서

청계초등학교 선생님들께

안녕하세요? 문화재청 청장실입니다. 청계초등학교 4학년 학생들이 궁궐 현장학습 후 문화재청에 보내준 소중한 생각들은 잘 읽어보았습니다. 어린 학생들이 우리 문화유산에 관심을 가지고 깊은 사고를 할 수 있도록 지도를 해주신 선생님들께 감사드립니다. 좋은 생각을 모아준 학생들에게도 따뜻한 격려의 말씀 부탁드립니다.

문화재청은 앞으로도 문화유산의 보호·관리 뿐 아니라 다양한 교육프로그램의 개발, 운영을 통하여 어린 학생들이 우리 문화유산에 더 친근하게 다가올 수 있도록 더욱 노력하겠습니다. 감사합니다.

2015.11. 문화재청장실 드림

전년도에 문화재청에서 받은 회신문

7. 주제를 마무리하며

아이들이 살아가면서 어떤 대상을 '알고' 보았을 때 더 많이 관심을 갖고 사랑할 수 있다는 것을 배우게 하고 싶어 시작한 주제였는데 아이들은 그보다 더 많은 것을 스스로 익혔다.

아이들은 아는 만큼 보였던 경험을 이야기했다. 전에 사교육 선생님을 따라 경복궁에 여러 번 갔었는데 하나도 기억이 안 나고 지루하기만 했지만 이번에는 정말 다르게 보이더라는 소감을 말해주었다. 지금까지는 어른들이 시키는 대로만 했는데 이번에는 어른을 모시고 가서 직접 설명을 해드리니 어른이 된 것 같아 뿌듯했다는 이야기도 많았다. 이번 주제를 통해 더 많이 알고 더 많이 느끼고 더 많이 사랑할 수 있기를 바란다.

주제통합학습 '아는 만큼 보인다'를 공부하고 나서는 아쉬웠다. 내가 제일 깊게 배운 것은 진짜 '아는 만큼 보인다'는 이 단원의 제목이었다. 그리고 내가 더 성장했다는 것이다. 경복궁에 가서 나보다 훨씬 어른인 해바라기 선생님에게 무언가를 설명하고 말했다는 것이 주체할 수 없을 정도로 기뻤다.

_학생 소감문 중

하늘도 바람도 뽐내며 친구 하자는 아름다운 10월, 나는 그보다 더 예쁜 과천 청계초 4-3 친구들과 책이나 TV로만 접하던 경복궁에 다녀왔다. 경복궁의 역사를 알려드려야겠다는 굳은 결의로 철저하게 무장한 아이들과 광화문에 첫발을 들여놓았다. 이렇게 광화문을 기점으로 아이들은 근정전, 사정전, 경회루, 강녕전, 교태전, 아미산, 자경전, 향원정 등 구석구석을 돌아보며 실질적 의미와 그 안에 내포된 상징적 의미까지도 열정을 다해 쏟아내었다. 특히나 2조 친구들은 훌륭한 팀워크와 함께 서로 도와가며, 아주 전문적이면서도 시간이 흐르면서 마치 자신의 이야기인 듯 자연스러워 해설사 이상의 여유마저도 느껴졌다.

아, 정말 노력을 많이 했구나. 아이들은 전문 해설사보다 더 호소력이 있었다. 자기주도적 수업이란 게 이런 걸까? 설명하는 아이들도 듣고 있는 나도 몰입의 순간을 맛보았다.

시종일관 따스함 속에서 사람과 자연이 만든 경복궁을 통해 현재와 과거, 나와 다른 사람들을 비춰볼 수 있었고… 해바라기 선생님으로서의 감사함이 밀려왔다. 아이들의 반짝이는 눈빛과 우리가 오늘 함께한 감동의 시간은 오래도록 모두의 마음에서 각자의 거룩한 꿈들을 이루게 하는 알찬 씨앗이 되리라 믿는다.

항상 마음뿐이지만, 이렇게 유익한 시간 만들어주신 민수연 선생님과 수고하신 분들께도 감사 인사를 전하고 싶다. 돌아오는 지하철에서 앞으로도 사랑을 주는 것에만 익숙하신 많은 부모님들이 이런 기회를 통해 더 많은 것을 배울 수 있기를 기도했다.

그리고 걸어 다니는 백과사전 지○이, 순간순간 웃음을 선사하는 수○, 따뜻한 마음으로 중심을 잡아주던 시○, 반듯한 언행의 본보기 승○이~ 얘들아! 소중한 시간 만들어줘서 고맙고 너희들이 자랑스럽다. 사랑한다.

_학부모 소감문 중

['아는 만큼 보인다' 차시 운영계획]

차시	과목	단원-차시	활동 내용
1	국어	8-①	주제망 짜기, 자료조사 방법, 알리고 싶은 내용을 이해하기 쉽게 발표하는 방법 알기
2	국어	8-②	경복궁에 대한 자료조사 하기(학습지 해결)
3	국어	8-③	경복궁에 대한 자료조사 하기(학습지 해결)
4	국어	8-④	경복궁에 대한 자료조사 하기(학습지 해결)
5	국어	8-⑤	경복궁에 대한 동영상 시청하고 발표 준비
6	국어	8-⑥	경복궁에 대한 동영상 시청하고 발표 준비
7	국어	8-⑦	모둠별로 경복궁 현장체험학습 계획과 해설 계획 세우기
8	국어	8-⑧	《go go! 체험학습 역사가 좋다-경복궁 이야기》 읽고 골든벨 퀴즈대회 하기
9	국어	8-⑨	경복궁에 대한 발표 준비 마무리
10	국어	독서 대화	《경복궁에서의 왕의 하루》 읽고 독서 대화 나누기
11-12	미술		경복궁 배치도 그리고 건물 만들기, 해설 연습하기
13-18	창체 국어	현장체험학습	모둠별로 볼런티어 선생님 모시고 경복궁에 대해 알기 쉽게 해설하기
19-22	국어	2-⑥⑦⑧⑨	경복궁의 이용 방법을 제안하는 글 쓰고 발송하기

※ 참고 자료
1. 유홍준, 《나의 문화유산 답사기》6, 창비, 2001
2. 청동말굽, 《경복궁에서의 왕의 하루》, 문학동네어린이, 2003
3. 송용진, 《쏭내관의 궁궐기행》, 지식프레임, 2007
4. 김대균, 《go go! 체험학습 나는 역사가 좋다-경복궁 이야기》, 문학동네어린이, 2010
5. 심상우, 《경복궁 마루 밑》, 청어람주니어, 2014
6. 경복궁 관련 동영상(경복궁 홈페이지), 〈정도전〉, 〈해피선데이-1박2일〉 '경복궁' 편 등

7장

나눔 프로젝트

교사들은 보통 1~2월에 다음 학년도 교육과정을 구상한다. 특히 봄방학 때는 새 학년 준비에 무척이나 바쁜 시간을 보낸다. 나 역시 그때가 되면 큰 틀에서 1년 동안의 교육과정을 계획해두는데 이번 나눔 프로젝트는 계획에 없던 것이었다.

'세상을 바꾸는 힘'에 대해 공부하면서 교사와 아이들 모두 자연스럽게 '나눔'에 대해 고민하게 되었다. 어린이노동 실태를 매우 구체적으로 공부했기 때문에 수업 중에 아이들이 이들을 돕고 싶다는 이야기를 많이 했다. 교사들 역시 아이들의 그 소중한 마음을 모아 무언가 해야 하는 것 아닌가 하는 이심전심의 분위기에 사로잡혔다. 그래서 여름방학 중에 2학기 교육과정을 수정해 나눔 프로젝트를 실시하게 되었다.

사실 2학기는 수업일수가 1학기보다 짧고, 대부분의 교육과정 재구성이 2학기에 계획되어 있어 시간적 여유가 별로 없다. 그래서 11월에 계획되어 있는 학교 축제를 활용하기로 했다. 구체적인 내용은 아이들과 함께 계획했으나, 아이들의 미술작품을 판매

한다는 것과 사교육이 아닌 학교에서 배운 것을 발표한다는 두 가지 원칙을 세우고 큰 그림을 그려 나갔다. 그래서 2학기 미술 시간, 음악 시간, 동아리활동 시간은 축제를 염두에 두고 수업을 진행하였다.

나눔 축제는 민주적이고 허용적인 학교 분위기 덕분에 실행될 수 있었는데, 이는 몇 년에 걸친 혁신학교 운영의 결과라고 생각한다. 결과적으로 보면 나눔 축제는 전체적으로 진행되는 학교 축제에서 타 학년과는 다른 무척이나 독특한 행사였고, 다름을 인정하지 않는 분위기였다면 진행하기 어려운 면이 있었기 때문이다.

아직도 학교에는 '왜 너만?', '왜 너희 학년만?' 하는 분위기가 많이 남아 있다. 다름이 인정되지 않는다면 창의성이 나올 수 없고, 각자에게 맞는 다양한 색은 뿜어져 나올 수 없다. 다만, 교사로서의 창의성은 마음껏 발휘하되 나만, 우리 반만 잘하겠다는 생각은 버리고 함께 공유하는 문화가 뒷받침되어야 한다고 생각한다.

우리 학년의 경우, 내가 교육과정을 재구성해 큰 틀을 제시하면 동학년 선생님들이 협의 과정에서 여기에 살을 덧붙인다. 그것을 정리해서 다시 수업안과 자료 등을 작성해 보내면 각 반에서 수업을 진행해보고, 오후에 모여 협의한다. 시간표가 각 반별로 다르기 때문에 자연스럽게 같은 수업이 릴레이 형식으로 진행되는데 그로 인해 앞 반의 수업 결과를 미리 들을 수 있고, 어려운 점을 수정하며 수업을 진행할 수 있었다.

재미있는 것은 같은 수업인데도 각 반마다 수업 결과가 매우 다르고, 수업을 릴레이로 진행하면서 더 좋은 아이디어가 나온다는 것이다. 이런 게 바로 집단지성의 힘이 아닐까 생각한다.

1. 나눔의 필요성

나눔의 필요성에 대해서는 아이들이 느끼고 있었으나 나눔의 이유와 방법에 대해 좀 더 자세히 알아보기 위해 KBS1 TV 교양 프로그램인 〈오늘 미래를 만나다〉에서 배상민 KAIST 교수의 강연을 듣게 했다. 원래 숙제를 잘 내주지 않는데, 2부로 진행된 강연을 학교에서 다 볼 수가 없어 이번만큼은 주말에 부모님과 함께 보도록 숙제로 제시했다.

배상민 교수는 대학에서 영문학을 전공한 디자이너로 특이하게 KAIST 교수가 된 사람이다. KAIST에는 물론 미술대학이 없다. 배상민 교수의 강연은 평범하지 않은 그의 인생 여정과 그가 지금 하고 있는 일로 인해 재미와 감동이 가득하다. KAIST에서 배 교수가 운영하는 연구소 이름은 ID+IM인데, 여기에는 그의 인생 철학과 사는 이유가 담겨 있다고 한다.

    I Dream, therefore I aM,
    I Design, therefore I aM,
    I Donate, therefore I aM,

나는 꿈꾼다. 고로 존재한다.

나는 꿈꾼 것을 디자인한다. 고로 존재한다.

나는 디자인한 것을 나눈다. 고로 존재한다.

배상민 교수가 꿈(Dream)에 대해 이야기하면서 언급한 창의적인 사람들의 공통점과 창의력의 비법은 고개가 끄덕여지는 내용이었다.

- 창의적인 사람들의 공통점
- 자신만의 스트레스 해소법이 있다.
- 일기를 쓴다. 일기에 치열함을 남긴다.

- 창의력의 비법
- 너무 오래 생각하지 마라.
- 5분 이상 생각해도 답이 안 나오면 모르는 것이다.
- 단, 5분을 깊게 생각하라.
- 하루에 5분만 한 문제에 대해 집중적으로 생각하라.

인간의 뇌가 컴퓨터와 다른 점은 무의식 속에서 한 문제에 대해 계속 생각하며 해결책을 찾고 있다는 것. 따라서 매일 5분씩 깊이 생각하며 생각의 씨를 심어놓고 이를 적어놓으면 언젠가 그 생각을 일깨워줄 장면과 조우했을 때 방아쇠(trigger) 효과가 나서 아이디어가 떠오른다는 것이다.

배 교수의 강연이 감동적인 것은 그의 한마디 한마디에 깊은 철학적 성찰과 실천이 담겼기 때문인데, 꿈에 대한 강연을 마무리하면서 한 말이 참 가슴에 와 닿았다.

우리 아이들이 살아갈 미래에는 너무 찬란해 가까이 가기 어렵고 주변의 작은 빛을 흡수해버리는 태양 같은 존재가 아니라, 자신의 철학과 꿈을 가지고 자신만의 빛을 낼 수 있는 사람이 필요하게 될 것이다. 젊은이들에게 이 시대가 절망인 이유는 모두 같은 꿈을 이루기 위해 달려가기 때문이다. 자기 자신을 들여다보고 자신의 꿈을 꾸고, 그 자리에서 별처럼 은은하게 자신만의 빛을 낼 때 기회가 올 것이다.

배상민 교수의 강연 중 실질적으로 나눔과 관련이 있는 것은 2부인데, 1부 꿈에 대한 강연도 아이들에게 크게 도움이 될 것이라고 생각해 같이 보았다. 배상민 교수는 나눔(Donate)에 대한 강연을 다음과 같은 질문으로 시작한다.

"전 세계에서 하루에 만 원을 쓸 수 있는 인구는 몇 퍼센트일까요?"

'90 대 10.'

오직 10퍼센트 정도의 사람만이 하루에 만 원을 소비할 수 있다고 한다. 나머지 90퍼센트의 사람들 중 80퍼센트는 하루에 겨우 2000원만을 소비할 수 있는 극빈층이라는 것. 하지만 전 세계 디자이너들 중 99.9퍼센트의 사람들은 이 상위 10퍼센트의 욕망을 위해 일하고, 이 사실이 그를 끊임없이 고뇌하게 했다고 한다.

그는 2005년부터 나눔 디자인 사업을 하고 있는데, 첫 번째는 '나눔 프로젝트'로 매년 새로운 자선 상품을 제작해 판매금 전액을 기부한다고 한다. 월드비전이 수혜 대상자를 선정하고, 소비자가 자선 상품 구매를 위해 지불한 금액 전액을 기부한다고 한다. 여기에는 착한 디자인을 통해 자연스럽게 착한 소비를 유도하려는 배상민 교수의 철학이 담겨 있다.

두 번째는 '씨앗 프로젝트'로 제3세계에 생존에 필요한 디자인 제품을 보급하는 사업이다. 배 교수 연구팀은 2008년부터 매년 아프리카 탄자니아 국경 마을에서 봉사를 하는데 단순히 물품을 기부하는 것이 아니라 자립할 수 있도록 배려하는 모습이 참 아름다웠다. 우리가 여기서 배워야 할 것은 나눔의 원칙이다.

① 현지의 자원, 지식, 기술로 지속가능한 해결책을 제시할 것. 현지에서 쉽게 구할 수 있는 재료를 사용해 필요를 충족하고, 마을 젊은이에게 그 기술을 전수해 누가 해준 일인지 모르게 할 것.
② 진정한 나눔은 배려를 통해 상대가 당당함을 잃지 않도록 해야 한다는 것. 그들이 10년, 20년 후에도 고유문화를 지키면서 독립적인 생활을 할 수 있을까를 고민해야 한다는 것.

배 교수의 역할은 그 마을에 가능성의 씨앗을 심어주는 것으로, 누구에게 도움을 받았다는 느낌보다는 내 이웃의 젊은이가 혹은 우리 아들이 가르쳐준 방법으로 문제를 해결했다는 느낌을 가지게 하는 것이라는 말이 참 크게 다가왔다.

'99 대 1.'

여기서 1은 전 세계 인구 중 대학교육을 받은 사람들의 비율이라고 한다. 깨끗하게 마실 물이 있고, 집이 있고, 차가 있고, 대학교육을 받는 등 우리에게는 평범하지만 누군가에게는 꿈조차 꾸지 못할 혜택을 얻기 위해 우리는 어떤 노력을 했는가? 단지, 대한민국에서 태어났다는 이유 하나로 그냥 주어진 것이 아닌가. 우리에게 1퍼센트의 축복이 주어진 이유는 우리가 갈고닦은 열정, 에너지, 지식을 99퍼센트를 위해 쓰라고 주어진 기회가 아닌지 배 교수는 묻는다.

> 나눔은 선택이 아니다. 우리는 99퍼센트에게 빚진 자이다.
> 나만의 꿈을 갖고, 우리에게 주어진 1퍼센트의 환경 속에서 그 꿈을 위해 치열하게 노력하고 그리고 나머지 99퍼센트를 위해 나누며 사는 삶을 살기를 기원한다.

우리는 배상민 교수의 강연 외에도 온몸으로 나눔을 실천하다 가신 이태석 신부님, 장기려 박사님의 삶을 알아보며 뜨거워진 마음을 안고 나눔을 준비했다.

'정말 아름다운 것은 사람'이라는 생각을 해본다.

2. 나눔 축제 계획하기

나눔 축제를 준비하면서 취지는 좋으나 모금을 해야 한다는 것 때문에 무척이나 조심스럽고 신경이 많이 쓰였다. 사실 밤잠을 못 잘 정도로 고민이 되었는데, 교사 혼자의 고민으로는 한계가 있어 아이들에게 조언을 구하며 본격적인 준비에 들어갔다.

나눔에는 두 가지가 있다. 하나는 자신의 물품을 나누는 것이고, 또 하나는 재능을 나누는 것이다. 일단 물품은 따로 구매하거나 모으지 않고 미술 시간에 만든 작품을 판매하기로 했다. 아이들의 적극적인 참여와 아이디어가 필요한 부분은 재능 기부였다. 아이들과 이 부분에 대해 의논하며 학원에서 배운 것이 아닌 학교에서 배운 것을 중심으로 재능을 나누었으면 좋겠다는 큰 전제를 이야기했다.

교사인 나로서는 굉장히 고민스러운 부분이었는데, 아이들의 입에서는 의외로 쉽게 그동안 주제통합 시간에 배운 내용을 나누면 되겠다는 의견이 나왔다. 굿 아이디어!

'꿈의 도시 과천 만들기'
'세상을 바꾸는 힘'
'내 꿈을 펼쳐라!'
'아는 만큼 보인다.'

그동안 배운 통합 주제별로 담당자를 선정했다. 그 결과 6개의 재능기부 코너가 결정되었다. 특히 아이들에게 인기가 많았던 코너가 나눔 레스토랑이었다. 개인적인 비용이 많이 들 수 있다는 경고에도 불구하고 "선생님, 저 용돈 엄청 많아요."라고 대답하던 아이의 신나는 얼굴이 떠오른다. 이 밖에는 축제를 위한 별도의 준비 없이 그동안 수업 시간에 만들어놓았던 학습 결과물을 활용하기로 했다. 그 편이 교사나 아이들 모두에게 부담이 없고, 짧은 시간에 준비가 가능했기 때문이다.

그다음으로는 모금 액수가 문제였다. 그냥 원하는 대로 기부하라고 하면 아무래도 부모님들이 얼마를 내야 할지 무척이나 고민하게 되고, 누가 큰 액수를 기부하면 다른 사람도 압박감을 느끼게 될 것 같아 액수를 고정하기로 했다. 회의 끝에 결정된 금액은 1000원. 4학년 모든 반에서 진행되었으나 재능 기부 내용은 조금씩 달라 학급 특색이 드러나는 축제가 되었다.

3. 학년 다모임

학급별 회의를 거친 후 강당에서 학년 다모임을 가졌다. 나눔의 필요성을 다시 한 번 공유하고, 기부 단체와 기부 대상을 정하기 위한 모임이었다. 이 모임에서는 알고 있는 기부 단체에 대해 서로 정보를 나누고, 누구에게 기부하면 좋을지 의견을 교환했다.

나눔 축제에 대해 협의 중인 4학년 다모임

나온 의견을 정리해 최종 투표는 교실에서 전자투표로 실시했다. 또한 나눔 축제 타이틀도 공모했는데 이 역시 전자투표로 결정했다. 다음은 전자투표 결과 결정된 내용이다.

- 타이틀: 함께 나누고 서로 행복한 나눔 축제
- 기부 단체: 월드비전
- 기부 대상: 전쟁으로 고통 받는 시리아 어린이들

모든 것을 결정하고 본격적인 준비에 들어갔다. 4학년 선생님들도 기부금을 내 나눔 카페를 운영하기로 했다. 무엇을 살까 아이들에게 물으니, '세상을 바꾸는 힘'에서 배운 공정무역 초콜릿을 사달란다. 부모님들을 위해서 공정무역 커피, 아이들을 위해서는 공정무역 코코아를 구매했다. 역할을 나누고, 물품을 구매하고, 발표 연습을 하며 나눔의 행복함을 만끽했다.

4. 초대장 발송하기

나눔 축제 일주일 전 각 가정으로 초대장을 발송했다. 교사가 작성한 일괄 초대장과 아이들 각자가 미술 시간을 활용해 만든 개별 초대장을 함께 보냈다. 이번 축제는 부모님들의 참여가 꼭 필요했기 때문에 다양한 방법으로 적극 홍보했다.

5. 나눔 축제

부모님들이 교실에 입장하기 전 교실 문 밖에서 자유 이용권을 손목에 감아드렸다. 자유 이용권에는 교실에 마련된 모든 코너명이 적혀 있고 활동이 끝날 때마다 확인을 받을 수 있는 빈 칸이 있다. 자유 이용권을 만든 데에는 부모님들이 모든 코너를 체험할 수 있도록 안내한다는 명목상의 이유와 한 코너도 빠짐없이 기부를 하시도록 압력을 행사한다는 암묵적인 이유가 동시에 있었다.

축제의 개막은 음악 시간에 배운 앨토리코더 연주로 했다. 부모

함께 나누고 서로 행복한 나눔 축제

기쁨을 나누면 두 배가 되고 슬픔을 나누면 절반이 된다는 말이 있습니다. 우리 4학년 어린이들이 '세상을 바꾸는 힘'과 '나눔 프로젝트'를 통해 배운 내용을 실천하고자 합니다.

'세상을 바꾸는 힘'에 대해 공부하며 어린이노동의 실태에 대해 알게 되었고, '나눔 프로젝트'를 통해 나눔의 이유와 나눔을 실천한 사람들에 대해 공부했습니다. 나누기 위해 미술 시간에 정성껏 작품을 만들었고, 나누기 위해 머리를 맞대고 의논했고, 나누기 위해 축제를 준비했습니다.

나눔은 남을 위한 행위가 아니라 나 자신을 위한 행위입니다. 나눔을 통해 사회에 기여한다는 자부심, 무언가를 베풀 때의 기쁨, 세상은 살 만한 곳이라는 희망 등을 느끼게 되니까요.

학년 다모임에서 논의된 내용을 전자투표한 결과 기부 단체는 월드비전, 기부 대상은 전쟁으로 고통 받는 시리아 어린이들로 결정되었습니다. 오늘 우리가 나눈 작은 정성이 세상을 바꾸는 큰 힘이 될 수 있습니다.

나눔 축제에 여러분을 초대합니다.
Let the party begin!

2016 ○○초등학교 4학년

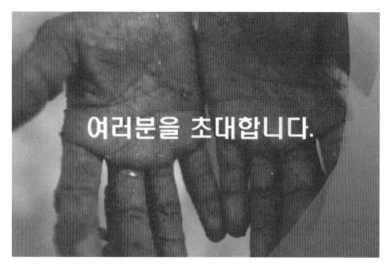
나눔 축제 준비 과정을 촬영하여 동영상을 만들었다.

님들이 사진 찍기 편하도록 아이들을 두 줄로 길게 배치했고, 겹치지 않도록 사이사이에 서도록 했다. 아파서 못 온 아이의 자리를 비워두고 열심히 연습했음을, 그리고 꼭 참여하고 싶었는데 아파서 참석하지 못했음을 이야기했다.

　다음으로는 아이들이 나눔 축제를 준비하는 과정과 나눔의 취지를 담아 교사가 만든 동영상*을 함께 보았다. 동영상 시청 후, 코너별로 아이들이 나와 간단하게 자신들의 코너를 소개하는 시간을 가졌다. 자, 지금부터 코너 활동 시작!

● youtu.be/XXomyoyjw7E, 2016 나눔 축제

[나눔 축제 순서]

순서	내용			담당	비고
1	앨토리코더 합주			학급 전원	*모든 코너에서 자발직 기부금 접수(1000원) *나눔 카페 비용은 4학년 교사 기부
2 재능 기부	여는 동영상, 코너 활동 소개			학급 전원	*각 코너 활동에서 모아진 수익금은 4학년 다모임에서 결정된 곳으로 전액 기부 *수익금 관리는 4학년 임원들(각 반 회장, 부회장)이 모여서 스스로 정산함 *이후 다모임에서 성금 전달식
	코너 활동	아는 만큼 보인다, 경복궁 해설		담당 아동	
		세상을 바꾸는 힘, 착한 소비 해설		담당 아동	
		꿈의 도시 과천 만들기 해설		담당 아동	
		행복한 불편, 원전 하나 줄이기 볼링 게임		담당 아동	
		천연 오이 스킨 만들기 체험		담당 아동	
		나눔 레스토랑		담당 아동	
휴식	나눔 카페			선생님	
3 물품 기부	나눔 갤러리			학급 전원	
4	앨토리코더 합주			학급 전원	

경복궁에 대해 해설하는 아이들

'아는 만큼 보인다' 경복궁 해설

'아는 만큼 보인다' 주제통합 당시 경복궁 현장 체험 볼런티어가 엄마들 사이에서 굉장히 인기였는데, 그때 함께하지 못했던 분들에게는 아이들의 해설을 직접 들을 수 있는 좋은 기회가 되었다. 발표 자료는 주제통합학습 때 아이들이 각자 만들었던 경복궁 배치도를 재활용했다. 코너별로 관람석을 4~5석 정도 마련하고 그 앞에서 발표를 하는 방식으로 진행했다.

세상을 바꾸는 힘, 착한 소비 해설

이 코너에서 아이들은 착한 소비에 관한 네 가지 주제, 즉 녹색소비, 동물실험, 공정무역, 어린이노동에 관해 배우고 느낀 점을

'세상을 바꾸는 힘'에서 배운 내용을 설명하며 착한 소비를 제안하는 아이들

발표했다. 발표 자료는 역시 따로 만들지 않고 수업 중에 만들었던 공익광고를 재활용했다.

'꿈의 도시 과천 만들기' 해설

주제통합학습 당시 아이들에게 〈맨(MAN)〉이라는 동영상을 보여주었는데, 이 동영상이 너무 인상 깊었다고 부모님들께도 보여드리고 싶다는 아이들의 의견이 있었다. 교실 컴퓨터가 하나밖에 없고, TV와 연결되어 소리가 나오는지라 다른 코너에 방해가 될 것 같아 고민했더니 한 아이가 집에서 엄마의 태블릿 PC를 가져다 보여주겠다고 나섰다. 스스로 문제를 해결해나가는 녀석들이 참 대견했다. 동영상 상영 후, 그동안 배운 생태도시 사례, 패시브 하우스, 신재생에너지 등에 대해 발표했다.

'꿈의 도시 과천 만들기', 행복한 불편-원전 하나 줄이기 게임

'꿈의 도시 과천 만들기' 활동 중 하나로 실시했던 '행복한 불편-원전 하나 줄이기 게임'이 무척 인상적이었다는 아이들. 원자력 발전의 위험성과 신재생에너지에 대해 설명하고 수업 중에 했던 볼링 게임을 하고 싶다는 아이들의 의견에 자료 준비를 도와주었다. 주제통합학습 당시에는 천주교 환경사목위원회에서 게시물을 가지고 와서 활용했는데, 그때 찍어두었던 사진을 참고해 게시물을 별도로 만들었다.

우리나라 원자력발전소 지도를 이용한 다트 게임판과 볼링 게임판도 준비했다. 다트판은 칠판에 붙여두고 자석을 던지는 방식으로 했고, 볼링은 전지에 원자력발전소 지도를 크게 그리고 원자력 발전소마다 볼링핀을 세워놓고 공을 던져 쓰러뜨리는 방식으로 진행했다. 담당 아이들은 게임을 잘한 부모님들께 드린다고 사탕을 준비해와 나누어 드렸다. 아이들을 보면 이타성이 우리의 유전자 속에 분명하게 자리 잡고 있다는 생각이 든다.

이 코너는 세 명의 아이들이 담당했는데, 그중 한 아이의 말에 큰 감동과 부끄러움을 느꼈던 일이 있었다. 그 아이는 나눔 축제 당일 가족 여행이 잡혀 참가할 수 없었음에도 코너를 맡아 주도적으로 준비했고, 여러 날에 걸쳐 코너 활동을 준비하던 중 점심시간에 나에게 툭 던지듯 한마디 했는데 그 말이 나를 반성하게 했

생태도시, 패시브 하우스, 신재생에너지에 대해 설명하는 아이들

다. 이 코너에는 조금 독특한 행동으로 눈에 띄는 어떤 아이가 있었는데 그 아이를 두고 하는 말이,

"선생님, 선생님이나 우리 반 친구들은 ○○의 참모습을 잘 모르는 것 같아요. 이번에 나눔 축제를 준비하면서 알았는데요, ○○가 참 똑똑하고 문제가 생기면 정리도 잘해주고 재미있어요."

순간, 교사로서 참 부끄럽다는 생각이 들었다. 이 아이가 볼 수 있는 것을 나는 보지 못했구나. 남과 다르게 행동하고 굼뜨게 행동한다는 이유로 그 아이의 진가를 보지 못했구나. 얼마나 부끄럽고, 그렇게 말해준 아이가 얼마나 고맙던지. 아이들은 언제나

오이 스킨 만들기 체험 코너를 운영 중인 아이들

내 머리와 가슴을 쿵쿵 때리는 망치들이다.

'세상을 바꾸는 힘', 천연 오이 스킨 만들기 체험

수업 중에 만들었던 오이 스킨 만들기를 코너 활동으로 하겠다는 아이들의 의견에 수업 당시 남았던 글리세린과 용기를 나누어 주었다. 오이와 큰 그릇, 강판 등은 담당 아이들이 준비해와서 오이 향기가 상큼한 코너를 운영할 수 있었다.

나눔 레스토랑

치열한 경쟁을 뚫고 자신의 용돈 액수를 자랑하며 뽑힌 아이들. 착한 소비를 배웠으니 유기농 매장에서 재료를 구매해 샌드위치

나눔 레스토랑에서 음식을 준비 중인 아이들

를 만들어 팔겠다고 한다. 너무 비싸니 참으라고 했건만 아이들
은 'ㅎㅅㄹ' 제품을 들고 나타났다. 요리를 잘하는 한 어머니께서
샌드위치 소스를 맛있게 만들어주셔서 아주 맛난 레스토랑을 운
영할 수 있었다.

나눔 카페

동학년 선생님들과 나눔 축제에 대해 의논하던 중 교사들도 기
부를 했으면 좋겠다는 제안에 모든 선생님이 흔쾌히 동의해 나눔
카페를 꾸릴 수 있었다. 나눔 축제가 11월에 열렸기 때문에 날씨
가 쌀쌀했던 관계로 공정무역 코코아와 커피를 준비했다. 일회용
품을 사용하지 않기 위해 텀블러나 컵을 준비해오도록 했고, 교사

가 물을 끓여놓았다가 재능 기부와 물품 판매 중간 쉬는 시간에 나누어주었다.

나눔 갤러리

나눔 갤러리는 외국 학교에서 학부모들이 자녀들의 작품을 구매하고 그 판매액을 기부하는 것을 보고 아이디어를 얻었다. 그동안 아이들이 학교에서 만든 작품을 전시해놓고 기부금을 내고 가져가도록 했다. 이 경우, 부모님이 못 온 아이들의 작품이 남게 되는데 이 때문에 여러 차례 꼭 오시도록 부탁을 드렸고, 부모님의 참석이 어려운 아이들의 작품은 교사가 별도의 기부금을 내고 사주었다.

나눔 갤러리에서 판매한 캘리그래피 작품

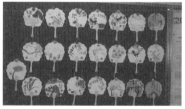

구매를 기다리는 부채 작품들

에코백과 파우치

나눔 축제를 준비하며 동학년 선생님들과 함께

나눔 축제가 끝남과 동시에 반별로 모금액을 아이들이 보는 앞에서 확인하고, 각 반 대표가 부장교사 반인 우리 반으로 가져왔다. 학급별 비교를 막기 위해 아이들에게는 전체 금액만 공개했다.

6. 기부금 전달식

요즈음은 기부금을 현금으로 전달하지 않는다고 한다. 몰랐다. 전년도에 기부 단체로 선정된 유니세프나 올해의 기부 단체인 월드비전이나 송금의 방법으로 전달해달라고 했다. 하긴 요즘 누가 돈뭉치를 들고 다니겠는가. 하지만 아이들은 인터넷뱅킹으로 돈이 간다는 개념이 아직 없으므로 모금액만큼 내 통장에서 빼서 보내다 한들, "어, 돈이 아직 여기 있는데요?" 하지 않겠는가.

그래서 전화를 했다. 열심히 사정을 설명하고 직접 와주십사 부탁했다. 높은 분과 상의한 후 답을 주겠단다. 모금 활동의 투명성 때문에 현금을 직접 수령하지는 않으나 이번에는 와주겠단다.

전년도에 유니세프에서 오셨을 때는 간단하게 유니세프 활동에 대해 설명을 하고 기부금을 받아갔는데, 이번 월드비전의 경우에는 기부 대상을 시리아 어린이라고 특정해 말씀드렸더니 시리아 어린이를 어떤 식으로 도울 것인지 구체적으로 정해왔다.

현재 시리아가 처한 상황과 우리나라와의 역사적 관계(6.25전쟁 때는 우리나라보다 잘사는 나라였고, 우리나라에 파병도해주었다는)를 설명하신 후, 여러 차례 회의 끝에 시리아 국경 난민촌에 있는 어린이들을 위해 난방유와 파카를 사주겠노라 말씀했다.

시리아가 중동 지역이라 늘 더울 것이라고 생각하지만 우리나라의 11월 무렵이면 거기도 추워서 난방 없이는 견디기 어렵다고, 아이들이 힘들어하는 것이 추위라고 설명해주었다.

성금 전달식 이후 한 아이의 소감문에 '시리아가 6.25 때 우리나라를 돕다가 나라가 가난해진 것이 아닌지' 걱정하는 귀여운 소감이 있어 웃음을 자아냈다.

기부금 전달식

7. 프로젝트를 마무리하며

학교의 민주적 풍토와 교사의 창의성, 아이들의 소중한 마음이 버무려져 탄생한 나눔 프로젝트는 우리 모두의 가슴에 따스함을 남기고 마무리되었다. 아이들이 나누는 기쁨을 누리며 살기를, 자기로 인해 세상이 조금은 따뜻해질 거라는 귀한 믿음을 지닐 수 있기를 기원한다.

(중략) 내게 이번 나눔 축제가 더욱 특별했던 이유는 나눔 축제를 통해 모아진 돈이 모두 월드비전을 통해 시리아의 어린이들에게 기부된다는 것! 그것이 제일 뿌듯했다. 나눔 프로젝트를

통해 나눔에 대한 내 생각이 달라진 것 같다. 나눔의 기쁨, 그리고 나눔의 필요성조차 자세히 몰랐던 예전과 달리 나눔의 필요성, 기쁨 등을 알게 되었다. 특히 기부의 기쁨을 실제로 느낄 수 있어서 좋았다. 내가 지금까지 기부의 경험이 별로 없었는데, 지금부터라도 기부를 많이 해보고 싶다. 공정무역 코코아와 커피를 준비해주신 선생님 감사합니다.

_학생 소감문 중

　대한민국 국민으로서 자존심이 땅에 떨어진 것 같은 요즘, 나눔 축제에 참여해보니 너희들이 희망임을 다시 한 번 느꼈어! 나눔이라는 단어, 내 것을 같이 나눈다는 의미, 선택이 아닌 의무라는 생각… 우리 ○○이가 자랑스럽다. 고, 마, 워.

_학부모 소감문 중

['나눔 프로젝트' 차시 운영계획]

차시	과목	단원	활동 내용
1~2	미술	나눔을 위한 생활용품 만들기	천연 염색 손수건 만들기
3~4	미술		클레이로 냉장고 자석 만들기
5~6	미술		캘리그래피 벽 장식품 만들기
7~8	미술		압화 책갈피 만들기
9~10	미술		냅킨 아트 에코백, 파우치 만들기
11~12	미술		학생 동아리 축제 홍보물, 초대장 만들기 (과제: 부모님께 초대장 드리며 나눔 축제의 취지와 활동 방법 자세히 설명해드리고 주제통합 공책에 댓글 달아 오기)
13~15	국어	5. 컴퓨터로 글을 써요-⑧⑨⑩	나눔에 대한 동영상 시청하고 나눔이 필요한 이유와 나눔의 방법, 특히 나눔 축제와 관련지어 구체적으로 글쓰기 (동영상: 〈오늘 미래를 만나다〉-'배상민 교수' 편, 〈울지마 톤즈〉, 〈지식채널e〉 '바보라 불린 의사' 편)
16	창체		기부 단체, 기부 대상 선정을 위한 학년 다모임
17	창체		학생 동아리 축제 준비하기
18~21	창체	학생 동아리 축제	공연과 부스 운영 최종 준비
			공연 활동하기
			재능 기부 부스 운영하기
			나눔을 위한 물품 판매
22	창체		기부금 전달식 학년 다모임

8장

시와 이야기에
담긴 세상

《영국의 독서 교육》이라는 책을 인상 깊게 읽었다. 1997년 이후 우리나라에서 반도체로 벌어들인 수출 총액 231조 원을 훨씬 웃도는 308조 원을 '개인의 상상력'의 산물인 《해리포터》 시리즈와 관련된 책과 영화, 캐릭터 상품으로 벌어들였다고 한다. 아이들이 어릴 때부터 자연스럽게 접하는 다양한 '책과 관련된 경험'에서 문화 강국의 힘이 나온다는 생각이 들었다.

늘 부럽기도 하고 궁금하기도 했던 피크닉 장소에서 혹은 해변에서까지 책을 읽는 서양인의 모습. 우리의 경우 피서지에서, 공원에서, 지하철에서 책을 읽는 사람이 얼마나 될까? 무엇이 그들과 우리를 다르게 만드는 걸까?

자신이 좋아하는 책이 무엇인지 금방 떠올려보시라. 대부분의 사람들이 한두 권의 책을 떠올릴 수 있을 것이다. 그럼, 좋아하는 작가는? 그 작가의 책을 몽땅 찾아 읽고도 모자라 다음 작품을 손꼽아 기다려본 경험이 있는지. 그 작가와 만나 집필담을 들어본 경험이 있는지.

이번 주제는 이러한 질문들에서 출발했다. 아이들에게 좋아하는 책이 있는지 물으니 다양한 대답이 나온다. 그럼 좋아하는 작가가 있는지 물었더니, 딱 한 아이만 대답한다.

책과 관련된 다양한 경험을 하게 해주고 싶었다. 국어 교과서의 맨 처음과 마지막은 문학 단원이다. 국어 교과를 재구성해 문학 단원을 몰아서 한꺼번에 공부하기로 했다.

먼저, 교육과정을 분석한 후 4학년 수준의 아이들에게 적당한 작가를 찾기 시작했다. 국어 교과서에 작품이 실린 작가를 섭외하고자 했으나 강연료가 지나치게 높아 성사되지 못했다. 그 대신 학부모들 중에 '어린이도서연구회' 활동을 하는 분이 추천한 '김리리'라는 작가를 섭외했다.

작가를 섭외하기 전에 일단 그 작가에 대해 인터넷으로 정보를 검색해보았다. 왕성한 창작 활동을 하는 동화작가로 초등학교 중학년 수준의 책을 많이 집필하고 있었고, 강연 활동에 관한 내용도 찾아볼 수 있었다. 학교 도서실에 가서 작가의 책을 모두 빌려 읽어보았다.

간혹 아이들에게 필독서 목록을 주거나 수업 중 활용할 책을 선정할 때 교사들이 읽어보지도 않고 제시하는 경우가 있다. 그 결과, 절판된 책이 목록에 있거나 아이들 수준에 전혀 맞지 않는 내용이 들어 있는 경우가 있다. 아이들에게 책 제목을 말하기 전에 교사가 꼼꼼하게 읽고 판단해야 한다. 동학년 선생님 중에는 아예 책을 직접 구매해서 미리 읽어보고 아이들에게도 빌려주는 열의를 보이는 분들도 있어 존경의 마음이 일기도 했다.

책 읽기를 좋아하지 않는 아이도 꽤 있는데, 그런 아이들까지 흥미를 가지고 동참하게 하려면 일단 책의 내용이 해당 학년 수준보다 약간 낮아야 한다. 또한 소재가 아이들의 흥미를 끌 수 있어야 하고, 너무 길지 않아서 단위 수업 시간에 활용이 가능해야 한다.

김리리 작가의 책은 이런 조건을 충족하기에 충분했다. 수업 계획서에는 작가의 책을 4권 정도 활용하는 것으로 되어 있으나 아침 시간에도 읽어주었기에 훨씬 많은 작가의 책을 읽을 수 있었다. 또한 2개 단원에 해당하는 20시간을 전부 사용하지는 않았던 것이, '시'에 관해서는 별도로 지도해야 했고, 교과서에 수록된 작품 중에서 방정환 선생님이 쓰신 《만년샤쓰》 같은 작품은 아이들이 꼭 알아두어야 할 문학작품이기에 교과서를 그대로 활용했다.

이 프로젝트는 한 작가의 책을 다양하게 읽고 의미 있는 활동을 함으로써 책 읽기의 즐거움을 느끼고, 책과 관련된 소중한 경험을 갖게 하는 데 그 목적을 두고 진행되었다.

1. 이야기의 세계와 현실 세계의 비슷한 점 알기

김리리 작가의 《검정 연필 선생님》이라는 책을 함께 읽었다. 이 책에는 〈이불 속에서 크르륵〉, 〈검정 연필 선생님〉, 〈할머니를 훔쳐 간 고양이〉 등 세 편의 짧은 이야기가 등장한다. 그중에서 아이들에게 밀접한 시험이라는 주제가 담긴 〈검정 연필 선생님〉을 수업 중에 활용했다. 정답이 아니면 써지지 않는 검정 연필을 주는 검정 연필 학습지 선생님에 관한 이야기로 아이들과 시험, 공부, 정직 등에 대해 이야기 나누기 좋은 책이었다.

성취기준이 '이야기의 세계와 현실 세계의 비슷한 점 알기'였는데, 학습과 시험에 대해 부담을 느끼는 아이들에게는 무척 공감이 되는 내용이었다. 이야기를 읽어주고 이야기의 세계와 현실 세계의 비슷한 점과 다른 점을 분석하고 몇 가지 주제로 이야기를 나누었다.

개인적으로는 〈이불 속에서 크르륵〉이 훨씬 재미있었는데, 상상력과 반전의 재미가 가득했다.

김리리, 《만복이네 떡집》, 비룡소, 2004

김리리, 《검정 연필 선생님》, 창작과비평사, 2003

김리리, 《엄마는 거짓말쟁이》, 다림, 2003

김리리, 《제발 나랑 짝이 되어줘》, 다림, 2005

김리리, 《우당탕탕 재강이 구출 작전》, 다림, 2013

김리리, 《애완동물 키우기 대작전》, 다림, 2014

2. 이야기를 읽고 사건을 중심으로 내용 간추리기

이 성취기준을 달성하기에 딱 좋은 교재가 김리리 작가의 《만복이네 떡집》이라는 책이다. 입만 열면 마음과 다르게 저절로 나쁜 말이 튀어나오는 부잣집 외동아들 만복이가 '만복이네 떡집'에서 떡을 먹고 나쁜 버릇을 고치게 된다는 내용인데, 떡집에서 파는 떡들이 얼마나 재미있는지 무릎을 탁 치게 한다. 이러한 상상력은 어디에서 나오는 건지. 여기에도 반전의 묘미가 있어 마지막에 큰 웃음을 선사한다. 사건의 구분이 확실해 아이들이 내용을 간추리기에 어렵지 않았고, 재미있게 웃는 와중에도 생각거리를 던져주어 독후 토론에도 좋은 교재가 되었다.

특히, '○○(자기 이름)네 떡집'에 가면 어떤 떡이 있을지, 그 떡을 먹으려면 어떤 일을 해야 할지 적어보고 이야기를 나누면 자신의 단점을 돌아보게 되는, 참 재미있는 수업이 될 것이다.

3. 책 표지 꾸미기

시간이 지날수록 스스로 작가의 책을 구매하거나 빌려서 읽는 아이들이 늘어갔다. 책들이 어렵지 않아 만만하게 읽기 좋았고, 책을 싫어하는 남자아이들도 어찌나 재미있게 듣는지 읽어주는 재미가 쏠쏠했다. 아침 시간과 국어 시간을 이용해 여러 권의 책을 읽은 후, 책 표지 꾸미기 시간을 가졌다.

책을 다 읽은 후에는 감상을 담아 책 표지를 스스로 꾸며도 좋고, 실제 책의 표지를 따라 그려도 좋다. 책 표지를 꾸미며 책 표지가 갖는 의미와 중요성에 대해서도 다시 한 번 생각해보았다.

4. 작가와의 대화

작가와의 만남을 갖기 전에 아이들에게 질문을 받았다. 처음에는 무작위로 질문을 받아볼까 생각했으나 너무 혼란스러울 것 같아서 사전에 아이들이 질문을 적어서 내면 반별 동수로 선별해 질문하기로 했다.

많은 아이가 궁금해했던 것은 '어디서 아이디어를 얻는지', '작가가 되려면 어떻게 해야 하는지', '어릴 때부터 작가가 꿈이었는지' 등이었다. 어떤 아이는 '책을 쓰는 데 시간이 가장 오래 걸린 책이 무엇인지' 물었고, '제일 아끼는 작품이 무엇인지' 묻는 아이도 있었다.

아이들은 작가를 직접 만나는 게 처음이라며 무척 들뜬 표정들이었다. 김리리가 본명인지, 심지어 남자일까 여자일까를 궁금해하는 아이도 있었다. 작가와의 대화 당일, 아이들은 작가에게 사인을 받는다며 자신이 구매한 책을 가지고 왔고, 기대에 찬 표정으로 작가를 기다렸다.

김리리 작가님과의 만남

　김리리 작가는 '작가의 꿈'이라는 주제로 강연했는데, 자신의 어릴 적부터 지금까지의 이야기를 아주 쉬운 내용으로 술술 이야기하듯 들려주었다. 어릴 때 얼마나 공부를 못했는지, 친구들에게 무시당한 후 공부를 잘하기 위해 책을 가까이한 이야기, 작가가 되기 위해 노력한 과정 등을 아이들에게 편안하게 들려주었고, 글쓰기 연습을 위해 어릴 때부터 써온 일기장을 들고 오기도 했다.

　강연도 좋았지만 그보다는 아이들이 질문하면 답변하는 시간이 훨씬 더 좋았다. 좀 더 실질적인 내용을 들을 수 있었는데, 《나의 달타냥》이라는 책은 주제가 무거워 몇 년에 걸쳐 고민하며 집필했고, 상상력이 번득이는 《만복이네 떡집》은 두 시간여 만에 휘리릭 썼다는 이야기도 들려주었다.

정해진 아이들 이외에도 몇 명 더 질문할 기회를 주고 시간을 마무리했다. 반별로 작가와 사진을 찍고, 긴 줄로 늘어서 사인을 받았다.

5. 주제를 마무리하며

책은 단순한 정보의 저장고가 아닌 하나의 문화이자 지식, 교양이다. 또한 기록은 인간다움의 본질이기도 하다. 정신적 산물의 물리적인 형태인 책은 인간만이 가진 특성이 발현된 것으로 우리의 존재 자체를 규정한다.

하지만 책이라는 기록물은 본래 기록으로 남길 만한 것을 가지고 있던 계층의 전유물로 일반 대중과는 거리가 있었던 것도 사실이다. 문자는 해독이 필요한 것이라서 익숙해지는 과정이 필요하다. 아이들 역시 문자로 기록된 책과는 익숙해지는 계기가 필요하다고 생각한다. 어릴 때 잠자기 전 다정한 목소리로 엄마가 읽어주었던 동화라든가, 선생님이 수업 중 성대모사를 섞어 실감나게 읽어준 책은 아이들을 책의 세계로 이끄는 계기가 될 수 있을 것이다.

학교에서 아이들 수준에 맞는 다양한 독서 유인책을 마련해야 하는 이유가 바로 여기에 있다. 이번 기회를 바탕으로 아이들이 좀 더 책과 친해지고, 깊이 있는 독서 마니아가 되기를 기원한다.

이번 주제통합학습에서는 이야기를 읽고 현실 세계와 이야기 세계 비교하기, 작가님과의 대화를 했다. 먼저 《만복이네 떡집》, 《재강이 구출 작전》 등을 읽고 현실 세계와 비교했다. 김리리 작가님의 책들은 현실 세계의 모습도 있고 상상의 모습도 있었다.

작가님의 책은 웃긴 부분도 있고, 생각지도 못한 상상의 모습도 있어서 재미있었다. 김리리 작가님의 작가와의 대화에서 어릴 적 이야기, 어떻게 작가의 꿈을 가지게 되었는지 등을 말해 주셨다.

김리리 작가님이 어렸을 때는 공부도 못하고 한글도 10살 때 깨우쳤다고 한다. 김리리 작가님은 책을 가까이하기 시작했고 그러자 세상이 밝게 보였다고 하셨다. 못하는 글쓰기는 일기를 써서 연습하자 글쓰기 실력도 괜찮아지기 시작했다고 하셨다.

작가님은 이뿐만 아니라 글이 생각나지 않을 때 어떻게 하는지, 책 낭독, 아이디어 얻는 방법 등을 말해주셨다. 나는 대화가 끝나고 경험을 많이 해보고 책도 많이 읽어야겠다는 생각이 들었다.

주제통합학습을 통해서 줄거리 요약하는 법, 현실 세계와 이야기 세계 비교하는 법 등을 알게 되었다. 무엇보다 책으로만 보던 김리리 작가님과 직접 만나게 되어 좋았다. 뜻깊은 시간이었다.

_학생 소감문 중

그토록 기대하던 김리리 작가와의 만남은 어땠는지 궁금해. 미리 책도 사고, 사인도 받아 왔던데 만나기 전후의 ○○이의 생각은 어떻게 변했을까? 얼마 안 남은 4학년 멋지고 알차게 마무리하기를….

_학부모 소감문 중

['시와 이야기에 담긴 세상' 차시 운영계획]

차시	과목	단원	활동 내용
1	국어	9. 시와 이야기에 담긴 세상	시에서 우리가 살아가는 모습을 어떻게 나타내는지 알기
2~3			시에서 표현된 현실의 모습을 생각하며 시에 대한 생각이나 느낌 나누기
4~5			이야기의 세계와 현실 세계의 비슷한 점을 알기 (활용 도서: 김리리 작가의 《검정 연필 선생님》)
6~8			이야기를 읽고, 있었던 사실을 바탕으로 해 쓴 부분과 글쓴 이가 꾸며 쓴 부분 찾기
9~10			자신이 읽은 작품을 떠올리며 독서 신문 만들기
11		1. 이야기를 간추려요	이야기를 읽고 사건의 흐름을 파악하는 방법 알기
12~13			이야기를 읽고 사건을 중심으로 내용을 간추리는 방법 알 기(활용 도서: 김리리 작가의 《만복이네 떡집》)
14~15			이야기를 읽고 중요한 사건을 중심으로 내용 간추리기 (활용 도서: 김리리 작가의 《제발 나랑 짝이 되어줘》)
16~17			어려운 낱말의 뜻을 찾으며 이야기를 읽고 내용 간추리기 (활용 도서: 김리리 작가의 《애완동물 키우기 대작전》)
18			이야기 기차 만들기
19~20	미술		책 표지 꾸미기
21~22	국어		작가와의 대화(김리리)

9장

공부의 왕도,
아이들이 빛나던
수업들

1. 공부의 왕도

아이들과 수업 시간에 공부를 하는 이유, 공부를 잘하는 방법 등에 대해 수시로 이야기를 나누었다.

(1) 선행학습

부모님들은 아이들에게 왜 선행학습을 시킬까? 남들보다 먼저 혹은 더 반복적으로 공부해 좋은 시험 점수를 얻으라고? 혹은 수업 시간에 발표를 많이 해서 칭찬을 받으라고? 아이들이 방과 후에 다니는 학원의 대부분은 선행학습을 위한 것이고, 이로 인해 많은 아이가 지쳐 있다.

선행학습은 그저 출발선에서 먼저 달려 나가는 행위일 뿐이다. 먼저 달려 나간다고 해서 무한히 멀리 갈 수 있는 것도 아니고, 결국 결승점은 정해져 있다. 불안감과 경쟁심에 많은 시간과 돈을 들이며 힘들게 먼저 달리는 것뿐이다.

앞서 '함께 사는 세상'에서 언급했듯이 인생은 경주에서 이겨야만 상을 받을 수 있는 게임이 아니다. 우리 모두에게 상은 이미 주어져 있다. 그저 나의 길을 꾸준히 가서 그 상을 받기만 하면 될 것을 왜 먼저 힘들게 달려가는가.

보통 피아노는 일곱 살 이후에 배우는 것이 좋다고 한다. 그 전에 배우려면 손가락 길이가 짧아 아주 애를 먹으며 긴 시간 동안 배워야 하지만, 손이 한 옥타브를 커버할 만큼 자란 후에 배우면 훨씬 빠르고 쉽게 배울 수 있기 때문이다.

공부도 마찬가지라고 생각한다. 마음의 손가락 혹은 지적 능력의 손가락이 충분히 자랄 때까지 기다려주자. 애써 무리하게 무언가를 하면 그 일이 싫어지게 마련이다. 아이들은 교과 지식 말고도 배우고 느껴야 할 것이 많다. 무리하게 선행학습을 시키는 이유가 무엇일지 곰곰이 생각해야 한다. 남들보다 조금 나은 시험 점수를 위해 무엇을 잃고 있는지.

우리나라 청소년들의 행복지수는 심각할 만큼 낮은 수준이다. 우리가 정말 바라는 것은 아이들의 행복이 아니던가. 아이들은 미래를 위해 현재를 모두 버려야 하는가.

아이들 앞에는 수많은 길이 놓여 있다. 그중 제일 좋은 길은 아이에게 '맞는' 길이다. 헤매어도 좋다고 생각한다. 지름길로 후딱, 옆도 돌아보지 않고 빨리 가는 여행은 재미없다. 천천히 돌아가야 많은 것이 보이고, 많이 보고 느껴야 지혜로워진다.

칠판에 출발선과 결승선을 그린다. 아이들은 심각한 표정으로 경청한다. 내 앞에 있는 이 아이들이 자기만의 길을 찾기를, 그 길에서 행복과 보람을 느끼기를, 그리고 그 길에서 고난과 좌절이 있더라도 이겨낼 수 있는 힘을 갖게 되기를 기원한다.

(2) 수업 태도

EBS의 〈다큐프라임〉 '학교란 무엇인가' 편을 재미있게 봤다. 책으로도 출간되어 읽어보기도 했다. 내용 중에 상위 0.1퍼센트 아이들의 공부 비법을 소개한 부분이 있다. 수업 중 아이의 시선이 주로 어디를 향하는지를 확인하기 위해 머리에 시선과 동일하게 카메라를 달았다. 그 결과, 아이들의 시선은 줄곧 교사를 향해 있었다. 그 아이들은 학교에서 집중하고 집에서는 복습과 함께 충분한 휴식을 취했다. 아이들에게 이 동영상을 보여주고 충분히 설명을 해주면 확실히 수업 태도가 변한다. 여기를 봐라, 왜 수업 중 딴짓을 하느냐고 잔소리할 필요가 없다.

실제로 우리 반에 성적은 좋은데 학원을 전혀 다니지 않고, 방과 후에 공부도 별로 하지 않는 아이가 있었다. 학교가 끝나면 그 아이는 매일 운동장에서 축구를 한다. 대신 이 아이는 수업 중에 한 번도 교사에게서 눈길을 돌린 적이 없다. 그야말로 초집중이다. 그러니 학교 수업이 끝나면 공부를 다한 것이고, 놀아야 하는 것이다. 많이 놀기 때문에 스트레스도 적고 아이들에게 참 너그럽다. 선행학습은 물론 한 적이 없다. 처음 듣는 내용이니 흥미롭고 재미있을 수밖에.

상위 0.1퍼센트의 공부 비법 중 하나가 복습이다. 아이들은 저마다의 복습 기법이 있었는데 그중 한 아이는 집에서 엄마에게 알고 있는 내용을 설명한다. 설명하면서 스스로 정리하고 부족한 부분을 확인하는 것이다. 설명하려면 제대로 알아야 하고 정확하게 설명할 수 있을 때 그 내용은 자기 것이 되는 것이다. 그러니 "친구들에게 설명하는 것을 좋은 기회로 삼아라."라고 이야기했다.

　　그 효과는 놀라웠다. 친구가 모르는 것을 물으면 귀찮아하거나 모른다고 무시하던 아이들이 서로 앞다투어 친구에게 설명해주려고 나섰다. 이 태도는 학년이 끝날 때까지도 지속되어 어떤 수업을 하던 서로서로 도와주는 분위기로 이어졌다.

(3) 복습

　　복습과 관련해서는 에빙하우스의 망각곡선을 알려주었다. 에빙하우스는 인간의 기억과 망각에 대해 연구한 독일의 심리학자인데, 인간의 기억이 시간의 흐름에 따라 어떻게 감소하는지 체계적으로 연구한 사람이다.

　　에빙하우스의 연구에 따르면, 기억은 한 시간만 지나도 50퍼센트로 감소하고, 이틀 후부터는 20퍼센트 정도밖에 남지 않는다고 한다. 따라서 학습한 내용을 여러 차례 반복해 복습하는 것이 효과적인 공부 방법이 될 것이다. 가장 좋은 방법은 한 시간 수업이 끝난 즉시 한 번 복습하고, 저녁에 다시 한 번 복습하고, 일주일

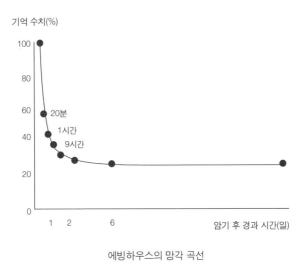

에빙하우스의 망각 곡선

후와 한 달 후에 다시 한 번 복습하는 것이다. 이렇게 4회 이상 복습하면 그 내용은 장기 기억 속에 보존할 수 있다고 한다.

　망각 곡선은 에빙하우스 이후 많은 심리학자에 의해 증명되었으며 실제로 공부를 잘하는 많은 아이가 복습의 힘을 발휘하고 있다.

　(4) 학습 정리 방법

　우리는 통합주제학습이 끝날 때마다 서로 소감을 나누고 배운 내용을 부모님께 설명했다. 이 과정을 통해 부모님들은 아이들이 학교에서 배우는 내용을 이해하고 가정에서도 배운 것을 실천할 수 있도록 함으로써 학습을 확산, 심화하는 효과를 거둘 수 있었다.

　학기 초 학부모님들과의 대화 시간에 아이들의 설명이 끝나면 부모님들은 주제통합 공책에 댓글을 달아주도록 부탁했는데, 그 댓글들은 아이들에게 무척이나 힘이 되었다. 이 과정이 없었다면 학부모들로부터 이렇게 전폭적인 지지를 얻을 수 없었을 것이다. 아이들은 학교 공부를 즐거워했고, 부모들은 적극적으로 지지해 주었다.

이 글을 쓰는 지금 나는 연수 휴직 중인데, 들려오는 소문에 의하면 몇몇 학부모가 팀을 짜서 자녀들과 주제통합학습을 하려고 준비 중이라고 한다. 교육의 효과가 여러 방면에서 나타나는 것 같아 흐뭇한 마음이다.

간혹 배운 것을 정리한다고 하면 공책에 쓰는 것만을 생각하기 쉬운데 다양한 방법의 정리가 가능하다고 생각한다. 쓰기 싫어하는 아이들에게 억지로 쓰게 하는 것보다 그림으로 그린다든지, 만화로 정리한다든지, 말로 설명한다든지 다양한 방법을 활용하는 것이 효과적이다.

2. 마을 간 갈등 해결 수업

사회 수업 중 '다른 지역과 함께 해결하는 지역문제'라는 차시가 있었다. 맑은 강이 흐르는 농촌 지역에 A마을이 있었는데 이 지역 사람들은 강물을 이용해 농사를 지으면서 살아간다. 그런데 이 강의 상류에 위치한 B마을에서 지역 경제를 활성화하고자 공업단지를 유치하겠다는 계획을 발표한다. 지역 사람들이 도시로 빠져나가 경제가 어려워지자 경제를 활성화할 계획을 세운 것이다. 공업단지가 개발되면 일자리가 창출되어 그 지역의 경제가 발전할 것이라는 기대감이 있었다. 하지만 대부분 사람들이 농사에 종사하는 A마을에서는 공업단지가 건설되면 강물이 오염되어 농사에 피해가 있을 거라며 반대했다. 이 문제를 어떻게 해결해야 할까?

아이들을 A마을 주민, B마을 주민 두 팀으로 나누어 대책 회의를 하도록 했다. 마을 내에서 열띤 토론이 이루어졌다.

처음에는 강경파들의 의견이 크게 들려왔다. 상류인 B마을에서는 다음과 같이 말했다.

"우리가 먹고살기 위해서는 어쩔 수 없다, 공업단지를 만들어야 한다. A마을은 농사라도 지어 먹고살지만 상류인 우리는 농사지을 땅도 없어 너무 가난하다, 그러니 강물이 좀 오염된다고 해도 우리는 공업단지를 지어야 한다. 강물이 조금 오염된다고 해서 농사를 못 짓는 것도 아니지 않느냐."

하류인 A마을에서는 다음과 같이 이야기했다.

"공업단지는 절대 못 짓게 해야 한다. 우리가 농사를 망치게 생겼으니 절대 반대해야 한다."

이번에는 두 마을 사람들이 모두 모여 서로의 입장을 이야기하도록 했다. 각 마을 사람들은 자신의 처지를 상세하게 말했다. 서로의 입장을 들은 후, 다시 마을 사람들끼리 대책 회의를 하라고

협의 중인 A마을 아이들

협의 중인 B마을 아이들

했다. 이번에는 조금씩 다른 목소리가 나오기 시작했다. 서로의 입장을 이해하고 타협하려는 목소리가 나오기 시작한 것이다.

상류인 B마을에서는 이렇게 말했다.

"우리가 먹고사는 것도 중요하지만 아랫마을 사람들이 농사를 못 짓는 것도 중요하다. 공업단지를 만들되, 물이 오염되지 않도록 시설을 마련해야 하고, 아랫마을 사람들도 공업단지에 취직을 시켜줘야 한다."

하류인 A마을에서는 다음과 같이 이야기했다.

"상류는 농사지을 땅도 없고 버섯이나 산나물 같은 것을 캐서 먹고사는 수밖에 없는데 우리가 공업단지를 무조건 반대하면 안 된다. 저 사람들도 먹고살아야 하지 않느냐."

양쪽의 차분한 목소리들이 서로를 설득하기 시작했다.

결국 교과서와 마찬가지로 상류에 공업단지를 건설하되 폐수 정화시설을 만들어 강물이 오염되지 않도록 하는 것으로 결정되었다. 하지만 결론을 떠나 교사인 나는 아이들의 토론 과정을 지켜보며 무척 큰 감동을 받았다.

자유로우면서도 질서 있는 발언, 서로 의견을 중재하고 조절하는 목소리들, 상대방의 입장을 고려하는 의견들, 차분하게 친구들을 설득하는 태도. 이 과정에서 이기적이면서도 거친 목소리들은 힘을 잃어갔고 다 같이 만족할 만한 결론이 도출되었다. 어른들이, 특히 저기 국회에 계신 어른들이 이 과정을 지켜보았으면 좋겠다는 생각을 잠깐 했다.

토론을 마치고 한 아이가 자신의 감상을 이렇게 말했다.

"저는 제 의견만 옳다고 생각했는데 아이들의 의견을 듣다 보니 이렇게 다양한 생각이 있고, 좋은 아이디어가 있구나 생각해서 제 의견을 바꾸었어요."

정말 고맙고 사랑스러웠다.

3. 우리 반 상징물 만들기

사회 시간에 우리 시도의 상징물과 더불어 우리 반 상징물을 만들었다. 우리 반 구성원 하나하나의 이름이 들어간 '화목이'라는

아이들이 만든 우리 반의 상징물 화목이.
선생님은 나무고, 자기들은 사과라는
설명이 있었다.

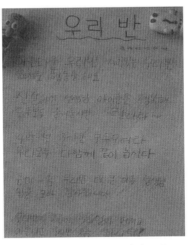

아이들의 마음이 담긴 우리 반 노래

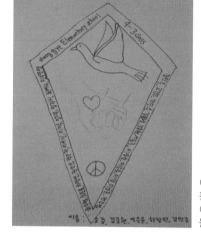

아이들이 만든 우리 반 상징 마크.
평화를 상징하는 비둘기에 마주 잡은 손, 아
이들 이름이 하나하나 새겨진 펜 모양의 상징
물이다.

이름의 사과나무, 펜을 상징하는 그림 주변에 새겨진 친구들의 이
름. 아이들이 우리 반에 대해서 느끼는 감정이 고스란히 드러나
참 감사하고 행복했다.

4. 즐거운 여름방학

여름방학을 앞두고 신나는 마음을 미술작품으로 드러내고자
협동화를 제작했다. 사실 아이들이 직접 그린 것은 아니고 프로
그램을 통해서 밑그림을 주고 나누어 색을 칠한 것이었다. 색을
칠하는 과정 자체는 간단했다. 그런데 이 조각 그림을 맞추는 과
정이 쉽지 않았다. 교사는 스스로 조각보를 맞추도록 뒷짐을 지
고 격려만 했다. 먼저 색을 칠한 아이들이 교실 가운데 공터로 나

아낌없이 도와주며 협동화를 완성하는 모습

완성된 협동화 작품

오기 시작했다. 아직 못 다한 아이들의 색칠을 돕기도 하고 자기들끼리 조각을 맞추어 풀로 붙이기 시작했다.

편안한 자세로 조곤조곤 이야기하며 서로 돕는 가운데 점점 맞춰지는 그림 조각들. 그림이 완성될수록 아이들은 신나기 시작했고 서로를 돕는 속도도 빨라졌다.

우와, 고사리 손들이 드디어 교실 뒤판이 꽉 차는 그림을 완성해냈다. 자기들 스스로도 자랑스러워 "선생님, 우리 잘했지요?", "대단하다!"를 연발한다.

기특한 녀석들.

"애들아, 여름방학 축하해!"

5. Merry Christmas and Happy New Year!

이번에는 겨울방학을 앞두고 교실 꾸미기에 들어갔다. 크리스마스를 느낄 수 있는 참고 자료들을 확인한 후, 역할을 나누어 교실을 꾸미기로 하였다. 오리고 접고 붙이기를 시작한 지 두 시간여 만에 연말연시 분위기가 물씬 풍기는 뒤판이 완성되었다. 한 학년이 마무리되는 시점이 오면 손발이 척척 맞는 동료들처럼 긴 설명이 없어도 뭐든 잘도 해낸다.

사각사각 가위질 소리, 쓱싹쓱싹 색칠하는 소리, 작은 재잘거림, 상황을 정리하는 큰 목소리. 이 모든 것이 겨울의 한자락을 평

아이들의 손으로 뚝딱 변신한 교실, 핸드벨로 캐럴 연주도 하고,
게임도 하며 행복하게 한 해를 마무리했다.

화롭게 장식한다.

교실을 멋지게 꾸민 후, 아이들과 핸드벨 연주도 하고, 미니 올
림픽 게임도 하며 즐겁게 크리스마스를 보냈다.

두려움이 없는 교실. 웃음과 격려가 가득한 교실.

한 해를 마무리하며 이렇게 예쁜 아이들을 다시 만날 수 있을
까 아쉬운 마음이 가득하다.

여전히 행복한 교실을 꿈꾸며

1년이 쏜살같이 지나갔다. 시간은 단순히 물리 현상이 아닌 심리 현상이기도 한지라 즐겁다고 느끼는 시간들은 참 빠르게 흐른다. 손발이 척척 맞고 마음도 딱딱 맞는 아이들을 다음 학년으로 올려 보낼 때면 늘 아깝고 아쉬운 마음이 든다.

올 한 해가 아이들에게 어떤 의미가 될지, 또 교사인 나에게는 어떤 의미였는지 분명하지는 않다. 하지만 한 가지 확실한 건 우리 모두가 행복했고, 좀 더 나은 방향으로 큰 걸음을 떼었다는 것이다.

1년을 마무리하며 아이들과 동료 교사 선생님들께 큰 선물을 받았다. 고래도 칭찬에 춤추지만 교사들은 자기 선생님을 이 세상에서 제일 좋아해주는 아이들이 있어 행복하다.

학기가 끝난 후 한 아이에게서 받은 편지.

선생님께

선생님, 안녕하세요? 저 ○○이에요. 2016년 3월 2일부터 4학년 2학기 끝까지 정말 재미있게 지냈어요. 선생님께서 말씀하시는 이야기 하나하나가 귀에 쏙쏙 들어와서, 옛날에는 공부를 많이 싫어했었는데 이제야 선생님 덕에 공부에 흥미를 느끼게 되었네요. 감사합니다.
옛날 선생님들은 대부분 저희를 너무 어린아이로만 대하셔서 기분이 조금 나쁠 때도 있었는데, 선생님은 그렇지 않아서 좋았어요. 쉬는 시간도 꼭 지키려 노력하시고, 우리가 힘들다고 한 것은 적극적으로 도와주셨어요. 5학년 가서도 선생님처럼 좋으신 분 만났으면 좋겠습니다. 지금까지 감사했습니다.

동학년 선생님의 편지.

가장 값진 것은 따뜻한 마음에 있고 사람을 사랑하는 것임을 가르쳐준 우리 부장님! 마음속에만 간직했던 꿈을 현실로 이루게 해주었던 한 해. 아름다운 추억과 올바른 가치관을 선물해준 우리 부장님!
생각해보니 계절마다 많은 주제통합교육이 행복하게 떠오르네요. 단순한 지식보다 삶의 지혜를 배운 우리 아이들은 몸과 마음이 건강하고 슬기롭게 자라리라 믿어요.

아이들과 동료를 위해 열심히 연구하고 최선을 다해 이끌어준 부장님은 언제까지나 우리와 우리 아이들 삶 속에 멋지고, 실력 있고, 고운 사람으로 기억될 거예요!

사랑합니다.

늘 교사로서의 나 자신에게 만족감을 느끼지 못하고 지냈다. 학교에서의 하루가 끝나면 뭔가 부족했다고 느끼고 그것이 늘 마음 한구석에 자책감으로 남아 있었다. 그 자책감의 실체는 수업에 대한 불만족이었다. 전에는 교육과정을 재구성한다는 개념 자체가 없었고, 교과서 진도에 따라 그저 한 차시 한 차시 재미있는 활동을 준비하는 것으로 수업 준비를 다했다고 생각했다. 하지만 시대적 필요와 나의 철학, 아이들의 요구를 버무려 교육과정을 재구성하고 수업을 기획하며 교사로서의 자긍심과 효능감이 높아지는 것을 느꼈다. 수업이 끝나면 둘러앉아 '세상사'가 아닌 '수업 이야기'를 하는 동학년 선생님들에게서 진한 동질감과 동료 의식을 느꼈다.

결국 교사 본연의 임무는 '수업'이고, 학교에서의 교육은 '수업'을 통하여 발현될 수밖에 없지 않은가. 이 책이 우리의 '수업'을 맨얼굴로 마주하는 계기가 되었기를 바란다.

삶과 교육을 바꾸는
맘에드림 출판사 교육 도서

나는 혁신학교에 간다

경태영 지음 / 값 14,000원

공교육을 바꾸겠다는 거대한 희망을 품고 시작된 '혁신학교'. 이 책은 일곱 개 혁신학교의 이야기를 담고 있다. 지금 우리 교육이 변화하는 생생한 현장의 모습과 아이들이 꿈을 키우고 행복하게 공부하는 희망의 터로 새롭게 자리매김하는 학교들을 이 책에서 만날 수 있다.

혁신학교란 무엇인가

김성천 지음 / 값 15,000원

교육공동체가 만들어내는 우리 시대 혁신학교 들여다보기. 혁신학교 전반에 관한 이야기를 다루고 있는 책으로, 공교육 안에서 혁신학교가 생기게 된 역사에서부터 혁신학교의 핵심 가치, 이론적 토대, 원리와 원칙, 성공적인 혁신학교의 모습을 보이고 있는 단위학교의 모습까지 담아냈다.

학부모가 알아야 할 혁신학교의 모든 것

김성천 · 오재길 지음 / 값 15,000원

학부모들을 위한 혁신학교 지침서!
'혁신학교에서는 무엇을, 어떻게 가르치고 있는지, 교사 · 학생 · 학부모는 어떻게 만나서 대화하고 관계를 맺어가는지, 어떤 교육 목표를 지향하고 있는지 등 이 책은 대한민국 학부모들의 궁금증에 친절하게 답을 한다.

덕양중학교 혁신학교 도전기

김삼진 외 지음 / 값 14,500원

이 책의 1부는 지난 4년 동안 덕양중학교가 시도한 혁신과 도전, 성장을 사실과 경험에 기반한 스토리텔링 방식의 성장기로 전개하고 있다. 그리고 2부는 지역사회와 협력하여 펼치고 있는 교육 프로그램, 배움의 공동체 수업 등을 현장 사례 중심의 교육적 에세이 형태로 담고 있다.

학교 바꾸기 그 후 12년

권새봄 외 지음 / 값 14,500원

MBC 〈PD 수첩〉에 방영되어 화제가 되었던 남한산초등학교. 아이들이 모두 행복하고, 얼굴 표정이 밝은 아이들. 학교 가는 것을 무엇보다 좋아하고, 방학을 싫어하는 아이들. 수업과 발표를 즐겼던 이 학교를 졸업한 아이들이 그 후 12년의 삶을 세상에 이야기한다.

교사는 수업으로 성장한다

박현숙 지음 / 값 12,000원

그동안 교사는 수업에서 아이들을 만나지 못해왔다. 관계와 만남이 없는 성장의 결손을 낳았다. 그리하여 우리 아이들과 교사들은 모두 참 아프고 외로웠다. 이 책에서는 교사, 학생, 학부모, 지역사회가 공동체로서 서로 관계를 맺을 때에만 배움은 즐거운 활동으로서 모두가 성장하는 삶의 일부가 될 수 있음을 보여준다.

교사와 학부모가 함께 읽는 주제 통합 수업

김정안 외 지음 / 값 15,000원

'서울형 혁신학교'로 지정된 일곱 개 혁신학교들이 지난 1~2년 동안 운영한 주제 중심 통합 교육 과정과 수업 사례를 소개한 책이다. 이 학교들의 교육과정은 전국적으로 이루어지는 혁신학교들의 성과를 반영하였고, 자신의 지역사회의 실제 환경과 경험을 살려 실제 수업에 적용한 것이다.

혁신교육 미래를 말한다

서용선 외 지음 / 값 14,000원

혁신교육은 2009년 이후 공교육 되살리기의 새로운 희망이 되어왔다. 이러한 정책을 입안하고 추진하는 데 기여해왔던 6명의 교사 출신 연구자들이 혁신교육 발전에 필요한 정책 과제들을 모아 하나의 책으로 제시한다. 이 책은 교육철학, 교육과정, 교육행정과 학교 운영(거버넌스) 등에서 주요 이슈들을 정리하고 혁신교육의 성과와 과제가 무엇인가를 보여준다.

수업을 살리는 교육과정

서우철 외 지음 / 값 16,500원

최근 교육과정을 재구성하는 논의가 활발한 가운데, 이 책에서는 개별 교과목과 교과서의 형식에 얽매이지 않고 아이들의 발달을 고려하여 주제를 중심으로 교육과정을 재구성하여 통합적으로 운영하는 방법과 구체적인 실천 사례를 설명하고 있다. 이러한 과정은 같은 학년을 맡고 있는 교사들의 토론과 협력을 통해서 이루어진 것임을 이야기한다.

수업 딜레마

이규철 지음 / 값 14,000원

이 책을 관통하는 키워드는 '사람'이다. 저자의 노하우를 전수하는 것이 아니라, 수업 속에서 딜레마에 맞닥뜨려 고통받고 있는 선생님들의 고민을 담고, 신념을 담고, 그것을 이겨내기 위한 한 분 한 분의 마음을 담고 있다. 이런 고민 속에 이 책을 집어든 나를 귀하게 여기며, 다시 한 번 교사로 잘 살아보고 싶은 도전을 하게 한다.

좋은 엄마가 스마트폰을 이긴다

깨끗한미디어를위한교사운동 지음 / 값 13,500원

스마트폰에 대한 아이들의 집착은 대단하다. 스마트폰은 '재미있고 편리하다'. 그러나 스마트폰 때문에 아이들은 시간을 빼앗기고, 건강이 나빠지고, 대화가 사라지며, 공부와 휴식, 수면마저 방해를 받는다. 이 책은 이러한 사례들을 생생하게 소개하고 부모들에게 아이들의 스마트폰 사용에 어떻게 대응해야 하는지 대안을 제시한다.

엄선생의 학급운영 레시피

엄은남 지음 / 값 14,000원

34년 경력의 현직 교사가 쓴 생동감 넘치는 학급운영 지침서. 초등학교에서 아이들은 문자와 숫자를 익히는 것보다 학교와 교실에서 낯설고 모험적인 사건을 겪으면서 더 많은 것을 배운다. 이 책은 초등학교에서 교과서 지식보다 더 중요한 학교생활과 학급문화를 만드는 담임교사의 역할을 다룬다. 교사와 아이들이 서로 존중하고 신뢰하는 관계를 어떻게 만들어야 하는지 구체적인 경험과 사례로 설명해준다.

진짜 공부

김지수 외 지음 / 값 15,000원

혁신학교가 추구하는 '진짜 공부'와 '진짜 스펙'이 무엇인지 보여주는, 졸업생들의 생동감 넘치는 경험담. 12명의 졸업생들은 학교에서 탐방, 글쓰기, 독서, 발표, 토론, 연구, 동아리, 학생회 활동을 통해 자신들이 생각하지도 못한 진짜 공부를 경험했음을 보여준다. 이 책을 통해 수능이 아니라 정말로 청소년 스스로 하고 싶은 것을 즐기면서 성장하는 일이 우리 사회에 필요한 것임을 새삼 느낄 수 있다.

수업 디자인

남경운 · 서동석 · 이경은 지음 / 값 15,000원

서울형 혁신학교의 대표적인 수업 혁신을 담은 이야기. 아이들이 서로 협력하면서 배우는 수업을 목표로 삼은 저자들은 범교과 수업모임을 통한 공동 수업설계를 대안으로 제시한다. 아이들은 교사의 설명을 통해 배우는 것이 아니라 서로 '옥신각신'하며 함께 문제에 도전할 때 수업에 몰입하고 배우게 된다. 이 책은 이러한 수업을 위해서 교사들이 교과를 넘어 어떻게 협력하고 수업을 연구해야 하는지 잘 보여준다.

아이들이 가진 생각의 힘

데보라 마이어 지음 / 정훈 옮김 / 값 15,000원

미국 공교육 개혁의 전설적 인물 데보라 마이어가 전하는 교육 개혁에 대한 경이롭고도 신선한 제언. 이 책은 학교 혁신의 생생한 기록을 통해 우리가 학교에서 무엇을, 왜 가르치고, 배워야 하는지에 대한 근원적인 성찰을 담고 있다. 아이들이 지성적으로 생각하는 마음의 습관을 배우는 것이 얼마나 중요하고 그것을 위해 학교가 무엇을 해야 하는지를 일깨워준다.

어! 교육과정? 아하! 교육과정 재구성!

박현숙 · 이경숙 지음 / 값 16,500원

교육과정 재구성을 고민하는 교사를 위한 현장 지침서. 이 책은 저자들이 학교 현장에서 교육과정 재구성이라는 화두를 고민하고, 실행한 사례들이 담겨져 있다. 책의 내용은 주제통합수업, 교과 통합수업, 범교과 주제 학습, 교과 체험학습, 프로젝트 수업 등 학교 현장에서 적용해 큰 성과를 본 것들을 세밀하게 소개하면서 교육과정 재구성 작업의 노하우를 펼쳐 보인다.

행복한 나는 혁신학교 학부모입니다

서울형혁신학교학부모네트워크 지음 / 값 16,000원

이 책은 학부모가 자신의 눈높이에서 일러주는 아이들의 혁신학교 적응기일 뿐만 아니라, 학부모 역시 학교를 통해 자신의 삶을 고양시켜가는 부모 성장기라는 점에서 대한민국의 모든 학부모들에게 건네는 희망 보고서이기도 하다. 혁신학교가 궁금한 모든 학부모들이 이 책을 통해 혁신학교 학부모로서의 체험을 미리 하는 데 부족함이 없을 것이다.

일반고 리모델링 혁신고가 정답이다

김인호 · 오안근 지음 / 값 15,000원

교육 환경이 열악한 지역에 있던, 서울의 한 일반계 고등학교가 혁신학교로서 4년간 도전과 변화를 겪으면서 쌓은 진로, 진학의 비결을 우리 사회 모든 학생, 학부모, 교사, 시민 등에게 낱낱이 소개해주는 책. 무엇보다 '혁신학교는 대학 입시에 도움이 안 된다'는 세간의 편견을 말끔히 떨어 없앤다. 저자들은 '결과' 중심 교육과정을 '과정' 중심으로 바꾸고, 교내 대회와 동아리 활동, 봉사 활동을 장려함으로써 대학 진학이란 놀라운 결과가 어떻게 이루어질 수 있었는지 보여주고 있다.

우리가 신뢰하는 학교, 어떻게 만들 것인가?

데보라 마이어 지음 / 서용선 옮김 / 값 15,000원

이 책의 저자인 데보라 마이어는 보수와 진보를 막론하고 미국 공교육 개혁 분야에서 가장 신뢰받는 실천가이자 이론가로 평가받는다. 학교 안에서 '신뢰의 붕괴'를 오늘날 공교육이 직면한 가장 큰 도전으로 인식한다. 이 책의 원제 〈In Schools We Trust〉에서 나타나듯, 저자는 신뢰할 수 있는 공교육의 조건이 무엇인지 자신의 경험 속에서 제안하고, 탐색하고, 성찰한다.

교사, 어떻게 살아야 하는가

김성천 외 지음 / 값 15,000원

오랫동안 교육 현장에서 교육과 연구를 병행해온 저자 5인이 쓴 '신규 교사를 위한 이 시대의 교사론'. 이 책은 학교 구성원과의 관계 맺기부터 학교 현장에서 맞닥뜨리게 되는 여러 가지 문제들과 극복 방법, 교육 개혁에 어떻게 주체로 설 수 있는지, 어떤 과정을 통해 개인의 성장을 도모해야 하는지 등 신규 교사의 궁금점에 대해 두루 답하고 있다.

리셋, 교육과정 재구성
서울신은초등학교 교육과정연구회 모임 지음 / 값 16,000원

서울형 혁신학교인 서울신은초등학교 교사들이 1학년부터 6학년까지 모든 학년의 교육과정을 재구성하고 실천한 경험을 모두 담았다. 이 책에 소개된 혁신학교 4년의 경험은 진정한 학습이란 몸과 마음을 통해 경험함으로써, 생각이나 감정을 다른 사람과 주고받음으로써, 과거 경험을 새로운 지식으로 다시 생각함으로써 실현된다는 점을 잘 보여주고 있다.

다섯 빛깔 교육이야기
이상님 지음 / 값 16,000원

충북 혁신학교(행복씨앗학교)인 청주 동화초등학교의 동화 작가 출신 선생님이 아이들과 함께 보낸 한해살이 이야기다. 이오덕 선생의 '아이들의 삶을 가꾸는 교육'을 고민하던 저자가 동화초 아이들을 만나면서 초등학생의 특성에 맞도록 활동 중심의 교육과정을 재구성하는 한편, 표현 위주의 교육을 위한 생활 글쓰기 교육을 실천하면서, 학교교육을 아이들의 놀이와 생활, 삶과 연결시키고자 노력한 교단 일지를 바탕으로 구성되었다.

만들자, 학교협동조합
박주희·주수원 지음 / 값 14,500원

이 책은 학교협동조합이 무엇인지, 어떤 유형의 학교협동조합이 가능한지, 전국적으로 현재 학교협동조합의 추진 상황은 어떠한지 국내외 사례를 통해 소개하고 안내하는 한편, 학교협동조합을 운영하는 원리와 구체적인 교육 방법을 상세하게 풀어놓고 있다. 저자들의 실천적 지침들을 따라가다 보면 학교협동조합은 더 이상 상상이 아니라 학교 구성원의 필요와 의지, 실천으로 극복할 수 있는 실현 가능한 미래라는 점을 알게 된다.

땀샘 최진수의 초등 수업 백과
최진수 지음 / 값 21,000원

초등학교에서 20여 년간 아이들을 가르쳐온 저자가 초등학교 수업에 대해서 기록하고 연구하고 실천하며 쌓아온 경험을 바탕으로 초등학생들과 수업을 함께하는 방법을 담고 있다. 아이들의 학습 동기, 아이들이 수업에 참여하는 방법, 칠판과 공책을 사용하는 방법, 모둠 활동, 교과별 수업, 조사와 발표 등 초등학교 교사가 아이들을 가르칠 때 알아야 할 가장 기본적이면서도 가장 중요한 모든 것을 다루고 있다.

혁신 교육 내비게이터 곽노현입니다

곽노현 편저 · 해제 / 값 17,000원

서울시 18대 교육감이자 첫 번째 진보 교육감으로서 혁신 교육을 펼쳤던 곽노현은, 우리 사회 전반을 아우르는 주요 교육 현안들을 이 책에서 포괄적으로 다루고 있다. 2014년 3월부터 1년간 방송된 교육 전문 팟캐스트 '나비 프로젝트' 인터뷰에 출연한 전문가들과 나눈 대화와 그에 대한 성찰적 후기를 담고 있다. 이 책은 그야말로 우리가 '지금 알아야 할 최소한의 교육 이야기'를 포괄하고 있다.

무엇이 학교 혁신을 지속가능하게 하는가

권성호 · 김현철 · 유병규 · 정진헌 · 정훈 지음 / 값 14,500원

독일 '괴팅겐 통합학교', 미국 '센트럴파크이스트 중등학교', 한국 혁신학교의 사례들을 통해 성공적인 학교 혁신의 공통점을 찾아내고 그것을 지속가능하도록 만들기 위해서 필요한 것은 무엇인지를 보여준다. 독자들은 이 책에서 괴팅겐 통합학교의 볼프강 교장이 말한 것처럼 '좋은 학교'를 만들기 위한 학교 혁신에 세계적으로 보편적이라고 할 만한 공통점을 찾을 수 있다.

교과를 꽃피게 하는 독서 수업

시흥 혁신교육지구 중등 독서교육 연구회 지음 / 값 16,500원

이 책은 지난 5년 동안 진행된 혁신교육지구 사업의 일환으로 학교에서 고군분투하며 독서교육을 이끌어왔던 독서지도사들이 실천 경험을 엮어낸 것으로 청소년기 학생들에게 장래 진로, 사랑, 우정, 삶의 지혜를 찾는 데 도움을 주는 독서교육을 잘 보여주고 있다. 특히 이 책에 소개된 국어, 수학, 과학, 사회, 도덕, 미술, 역사 등 다양한 교과와 연계한 협력수업은 독서교육의 새로운 전망을 보여주는 결실이다.

혁신학교의 거의 모든 것

김성천 · 서용선 · 홍섭근 지음 / 값 15,000원

이 책은 혁신학교에 대한 100가지 질문에 답하면서 혁신학교의 역사, 배경, 현황, 평가와 전망을 구체적인 증거를 통해 설명하고 있다. 이 책에 서술된 혁신학교에 관한 100문 100답을 통하여 우리 사회에 필요한 교육은 무엇인지, 교사와 학생들이 더 즐겁게 가르치고 배우면서 성장할 수 있는 교육을 위해 필요한 것이 무엇인지, 그것을 위해서 우리 사회 시민 각자가 자신의 위치에서 무엇을 하면 좋은가를 더 깊이 생각해볼 기회를 얻을 것이다.

교실 속 비주얼씽킹

김해동 지음 / 값 14,500원

이 책은 비주얼씽킹 기본기부터 시작하여 교과별 수업, 생활교육, 학급운영 등에 비주얼씽킹을 응용하는 방법을 설명하고 있다. 특히 교사들이 초등학교 1학년부터 고등학교 3학년까지 국어, 수학, 영어, 과학, 사회 등 모든 교과 수업에 비주얼씽킹을 활용할 수 있도록 수업 지도안을 상세하면서도 간결하게 제시하고 있다. 또한 독자들이 책 내용에 대해 더욱 풍부한 이미지와 자료를 접할 수 있도록 저자의 블로그로 연결되는 QR코드를 담고 있다.

교육과정-수업-평가 어떻게 혁신할 것인가

이형빈 지음 / 값 15,500원

이 책은 교육과정 사회학자 번스타인(Basil Bernstein)이 제시한 '재맥락화(recontextualized)'의 관점에 따라 저자가 장기간에 걸쳐 일반 학교 한 곳과 혁신학교 두 곳의 수업을 현장에서 면밀하게 관찰하고 심층 인터뷰와 설문조사를 통한 연구를 바탕으로 무기력과 불평등을 재생산하는 교실을 민주적이고 평등한 구조로 바꾸기 위해 교육과정-수업-평가를 어떻게 혁신해야 하는지 제안하는 내용을 담고 있다.

혁신학교 효과

한희정 지음 / 값 15,000원

이 책에서 저자는 혁신학교 효과를 살펴보기 위해 혁신학교가 OECD DeSeCo 프로젝트에 제시된 '핵심 역량'을 가르치고 있는지, 학생·학부모·교사가 서로 배우는 교육공동체를 이루고 있는지, 학생의 발달을 위한 다양한 교육과정을 운영하고 있는지, 교사의 자율성과 전문성을 강화하고 있는지, 자치적이고 민주적인 학교문화를 가지고 있는지, 지역사회와 협력하고 있는지를 다른 일반 학교와 비교하여 설명한다.

교실 속 생태 환경 이야기

김광철 지음 / 값 15,000원

아이들이 자연과 친해지고 즐길 수 있도록 교육하는 것은 쉬운 일이 아니다. 특히 도시에서는 더욱 어렵다. 그래서 이 책은 도시 지역 학교에서도 쉽게 실천에 옮길 수 있는 다양한 생태·환경교육을 폭넓게 다루고 있다. 이 책에서 저자는 계절에 따라 할 수 있는 20가지 환경교육 프로그램을 제시하고, 방법과 순서, 재료 등을 상세히 설명해준다.

이제는 깊이 읽기

양효준 지음 / 값 15,000원

교과서에는 수많은 예화와 발췌문이 들어가 있다. 이런 자료들은 교육부가 교육과정에서 요구하는 기준에 맞춰 어떤 이야기, 소설, 수필, 논픽션 등에서 일부만 가져온 토막글이다. 아이들은 교과서에 수록된 작품이나 이야기 전체를 읽지 못한 상태에서 단편적인 지문만 읽고 이해를 해야 하기 때문에 책을 읽으면서 생각하고 공감할 수 있는 기회와 흥미를 찾을 수 없게 된다. 이 책은 이러한 문제를 개선하기 위해서 한 권이라도 책 전체를 꾸준히 읽어가는 방법인 '깊이 읽기'를 대안으로 소개하고 있다.

인성의 기초가 되는 초등 인문학 수업

정철희 지음 / 값 15,500원

이 책은 아이들의 올바른 인성교육을 위한 새로운 방법으로써 인문학 수업을 제시하고 있다. 이 책에서 설명하고 있는 인문학 수업은 교사가 신화, 문학, 영화, 그림, 역사적 인물의 일대기 등에서 이야기를 찾아 아이들에게 제시하고, 아이들이 그 이야기에 나오는 여러 문제와 인물 등에 대해 자신의 감정을 스스로 공책에 기록하고 일상의 경험과 비교하고 토의와 토론을 통해 자신의 생각을 발전시키는 수업이다.

수업, 놀이로 날개를 달다

박현숙 · 이응희 지음 / 값 13,500원

교육계에서 최근 가장 중요한 과제로 삼고 있는, OECD의 여덟 가지 핵심 역량(DeSeCo)에 따라 여러 놀이들을 분류해서 설명하고 있다. "놀이에 내재된 긴장의 요소는 사람의 심성, 용기, 지구력, 총명함, 공정함 등을 시험하는 수단이 되므로" 그것은 학생들의 역량을 키우는 수단이 된다. 이 책의 저자들은 수업이 놀이를 만났을 때 어떻게 핵심 역량이 강화되는지 이야기하고 있다.

더불어 읽기

한현미 지음 / 값 13,500원

이 책은 교사들이 학습공동체를 통해 교직의 전문성과 자율성을 새롭게 발견하며 성장하는 이야기를 다룬다. 우리 사회의 기존 교육 제도는 효율성이라는 명분으로 아이들에게 경쟁을 강요하면서 교사들 역시 서로 경쟁하도록 만드는 시스템으로 이루어져 있다. 이 책에서 저자는 이러한 비인격적인 제도와 환경 아래서 교사들이 행복을 되찾기 위해서는 서로 협력하며 같이 배우면서 아이들과 함께 성장할 수 있어야 한다고 말한다.

땀샘 최진수의 초등 글쓰기

최진수 지음 / 값 17,000원

글쓰기가 아이들에게 필요한 중요한 것이 되려면 먼저 솔직하게 써야 한다. 모르는 것은 '모른다', 잘못은 '잘못이다', 싫은 것은 '싫다'고 솔직하게 드러낼 때 글쓰기는 아이가 성장하는 디딤돌이 될 수 있다. 그리고 이것은 가르치는 교사에게도 적용된다. 지도하는 사람과 지도받는 사람이 따로 있는 것이 아니라 함께 쓰고, 함께 나누면서 서로 성장을 돕는 것이다.

성장과 발달을 돕는 초등 평가 혁신

김해경 · 손유미 · 신은희 · 오정희,
이선애 · 최혜영 · 한희정 · 홍순희 지음 / 값 15,500원

이 책은 교육적 대안을 마련하기 위해 혁신학교에서 지난 5~6년 동안 초등학생의 성장과 발달을 돕는 평가를 실천해온, 현장 교사 8명이 자신들의 지혜와 경험을 모아놓은 최초의 결실을 담고 있다. 독자들은 이 책을 통해 평가는 시험이 아니며 교육과정과 수업의 연장으로서 아이들의 잠재력을 측정하고 적절한 조언을 제공한다는 원래의 목표를 되살리는 첫걸음을 찾을 수 있다.

수업 코칭

이규철 지음 / 값 15,500원

가르치는 일을 함으로써 학생들의 배움을 돕는 교사들에게 수업은 시간적으로도, 공간적으로도 학교에서 자신이 하는 일의 중심을 이룬다. 그래서 수업에 관한 고민은 교과를 가리지 않고 교사들에게 일반적으로 드러난다. 교사들은 공통의 문제로 씨름하게 된다. 최근에 그 공통의 문제를 교사들이 함께 풀어 나가자는 흐름이 곳곳에서 일어나고 있다. 이 책은 그중에서도 '수업 코칭'이라는 하나의 흐름을 다룬다.

교사들이 함께 성장하는 수업

서동석 · 남경운 · 박미경 · 서은지,
이경은 · 전경아 · 조윤성 지음 / 값 15,000원

이 책은 아이들의 배움에 중점을 둔 수업을 위해 구성한 교사 학습공동체로서, 서로 다른 여러 교과 교사들이 수업을 디자인하고 연구하는 '수업 모임'에 관해 다룬다. 수업 모임 교사들은 공동으로 교과 수업을 디자인하고, 참관하고, 발견한 내용을 공유하고 평가하는 피드백을 통해 수업을 개선해간다. 그리고 이러한 실천이 쌓여가면서 공개수업을 준비하는 방법과 절차는 더욱 명료해지고, 수업설계는 더욱 정교해진다.

땀샘 최진수의 초등 학급 운영
최진수 지음 / 값 19,000원

이 책의 저자는 학급운영의 출발은 아이들을 '가르치는 대상'에서 '존중받는 존재'로 바라보는 것에서 시작해야 한다고 이야기한다. 또한 아이들과 함께하면서 교사는 성장한다. 이러한 성장은 시간이 흐르고 경력이 쌓인다고 이뤄지는 것이 아니라 여러 가지 어려운 문제를 헤쳐 나가며 교사 스스로 자신을 되돌아보고 성찰할 때 비로소 아이들과 함께하는 올바른 학급운영이 이루어진다고 말한다.

당신의 교육과정–수업–평가를 응원합니다
천정은 지음 / 값 14,500원

이 책은 빛고을혁신학교인 신가중학교에서 펼쳐진, 학교교육 혁신 과정과 여전히 완성되지 않은 그 결과를 다루고 있다. 드라마 〈대장금〉에 나오는 '신비'의 메모가 보여준 것과 같이 교육 문제를 여전히 아리송한 것처럼 적고, 묻고, 적기를 반복하며 다가가는 것이다. 저자인 천정은 선생님은 이 책을 통해 자신의 수업이 앞으로도 교육의 본질에 더 가깝게 계속 혁신되기를 바라고 있다.

에코 산책 생태 교육
안만홍 지음 / 값 16,500원

오늘날 인류에게는 에너지와 자원을 대량으로 소비하는 생활양식이 보편화되어 있다. 이러한 생활양식은 자연을 파괴하고 수많은 환경 문제를 야기하고 있다. 이 책은 그러한 생태 교육을 위해 필요한 내용을 다루고 있다. 아이들이 지구 환경을 다시 복원하기 위해서 갖춰야 할 것은 관찰하고 기록하고 어떤 과학적 추론을 이끌어내는 능력이 아니라, 오감을 통해 스스로 자연을 느끼고, 자연의 소중함을 배우는 것이다.

I Love 학교협동조합
박선하 외 지음 / 값 13,000원

학교에 협동조합을 만드는 일에 참여했던 학생들의 협동조합 활동과 더불어 자신과 친구들이 어떻게 성장했는지를 이야기한다. 글쓴이 중에는 중학교 1학년 때부터 사회복지사라는 장래 희망을 가지고 학교협동조합에 참여한 학생도 있고, 고등학교 3학년 때 참여하기 시작한 학생도 있다. '뭔가 재밌을 것 같다'는 호기심을 가지고 시작한 학생이 있는가 하면, 어떤 학생은 자의 반 타의 반으로 학교협동조합에 참여했다.

얘들아, 하브루타로 수업하자!

이성일 지음 / 값 13,500원

최근에는 교사 위주의 강의 수업에서 학생 위주의 참여 수업으로
많은 변화가 이루어지고 있다. 이는 4차 산업혁명 시대를 살아가야
할 학생들을 위해서는 당연한 것이다. 교실에서 실제로 질문하고,
토론하는 하브루타 참여 수업의 성과를 담은 이 책은 수업을
통하여 점점 성장해가는 아이들의 모습을 보여준다.

내면 아이

이준원 · 김은정 지음 / 값 15,500원

'내면 아이'가 자녀/학생과의 관계에서 어떠한 영향력을
행사하는지, 어떻게 갈등을 일으키는지 볼 수 있게 한다. 그 뿌리를
찾아 근원부터 치유하는 방법들은 필자의 경험을 바탕으로 종합한
것이다. 또한 임상 경험을 아주 쉽게 소개하여 스스로 자신의 '내면
아이'를 만나고 치유할 수 있도록 하는 데 중점을 두었다.

핵심 역량을 키우는 수업 놀이

나승빈 지음 / 값 21,000원

이 책은 [월간 나승빈]으로 유명한 나승빈 선생님의 스타일이
융합된 놀이책이다. 이 책은 교실에 갇혀 넘치는 에너지를
발산하지 못하는 아이들과, 단순한 재미를 뛰어넘어 배움이 있는
수업을 고민하는 선생님을 위한 것이다. 본문에서는 수업 속에서
실천이 가능한 다양한 놀이를 제시하고 있다.

교실 속 비주얼 씽킹 (실전편)

김해동 · 김화정 · 김영진 · 최시강,
노해은 · 임진묵 · 공세환 지음 / 값 17,500원

전 편이 교과별 수업, 생활교육, 학급운영 등에 비주얼씽킹을
응용하는 방법을 이론적으로 설명했다면, 《교실 속 비주얼씽킹
실전편》은 실제 초 · 중 · 고 학생을 대상으로 수업을 진행한
교사들의 활동지를 담았다.

수업 고민, 비우고 담다

김명숙 · 송주희 · 이소영 지음 / 값 15,500원

이 책은 수업하기의 열정을 잃지 않고 수업 보기를 드라마 보는 것만큼 재미있어 하는 3명의 교사가 수업 연구에 대한 이론적 체계가 아닌, 현장에서의 진솔한 실천 과정을 순도 높게 녹여낸 책이다. 이 속에는 자신의 교실을 용기 있게 들여다보며 묵묵히 실천적 연구자로 살아가는 선생님들의 고민과 성장이 담겨 있다.

뮤지컬 씨, 학교는 처음이시죠?

박찬수 · 김준성 지음 / 값 12,000원

각고의 노력으로 학교 뮤지컬을 개척한 경험과 노하우를 소개한 책. 뮤지컬은 학생들의 삶을 보다 풍요롭게 만듦으로써 학교교육 위기의 대안으로 크게 주목받고 있다. 현장에서 바로 적용하고 고민할 수 있는 현재진행형의 살아 있는 지식이 담겨 있다.

어서 와, 학부모회는 처음이지?

조용미 지음 / 값 15,000원

두 아이의 엄마인 저자가 다년간 학부모회 활동을 하면서 알게 된 노하우와 그간의 이야기들을 담은 책. 학부모회 활동을 처음 시작하는 이들이나, 이미 학부모회에서 활동 중이지만 학교라는 높은 벽에 부딪혀 방향성을 고민 중인 이들에게 권한다.

학교협동조합 A to Z

주수원 · 박주희 지음 / 값 11,500원

'학교협동조합'의 설립 및 운영과 관련해 학생, 학부모, 교사들이 궁금해할 만한 이야기들을 질문과 답변 형식으로 풀어냈다. 강의와 상담을 통해 자주 접하는 질문들로 구성했으며, 학교협동조합과 관련된 개념들을 좀 더 쉽고 빠르게 이해하는 데 중점을 두었다.

색카드 놀이 수학
정경혜 지음 / 값 16,500원

몸짓과 색카드로 초등학교 1학년부터 6학년까지 배우는 수와
연산을 익힐 수 있도록 가르치는 방법을 다룬다. 즉, 색카드, 수
놀이, 수 맵, 몸짓 춤, 스토리텔링, 놀이가 결합되어 아이들이 다양한
감각을 통해 몸으로 수학의 개념과 원리를 터득하게 하는 것이다.
놀이처럼 수학을 익히면서 개념과 원리를 터득해나갈 수 있다.

교육을 교육답게 우리교육 다시 세우기
최승복 지음 / 값 16,000원

20여 년간 교육부 공무원으로 정책을 연구하고 입안해온 저자가
우리 사회가 당면한 교육 문제의 본질과 대안을 명확하게 정리한
책. 저자는 표준화된 교육과정과 평가에 따라 학생들에게
획일성과 경쟁만 강조해왔던 과거의 교육을 단호히 비판하고 학생
개개인에게 맞는 개별화 교육이 필요하다고 주장한다.

톡?톡! 프로젝트 학습으로 배움을 두드리다
최미리나 · 이성준 · 김지원 · 조수지 · 심혜민 지음 / 값 19,500원

이 책은 학생들이 흥미를 느끼는 주제로 탐구 활동을 진행해 배움
의 진정한 즐거움을 발견하고, 나아가 한층 더 깊은 탐구로 이어지
는 선순환이 가능한 프로젝트 수업을 위한 거의 모든 것을 다룬다.
이 책을 통해 의미 있는 프로젝트 수업을 만들어갈 수 있는 다양
한 아이디어를 얻을 수 있을 것이다.

평가의 재발견
고영희 · 윤지영 · 이루다 · 이성국 · 이승미 · 정영찬
감수 및 지도_허숙(경인교육대학교 명예 교수) / 값 16,000원

이 책은 진정한 교육평가란 무엇인가를 다룬다. 교육평가란
교사의 가르침을 포함하여 교육목표에 이르기까지 교육 활동
전반을 대상으로 평가하는 것이다. 각자 최대한의 학업성취를
이루도록 학생의 발달을 돕는 것이 이 책의 목적이다.

하브루타 수업 디자인

김보연 · 교요나 · 신명 지음 / 값 16,000원

저자들은 이 책에서 하브루타를 하나의 유행이 아니라 시대의 흐름으로 보면서, 하브루타가 문화로 자리 잡아야 한다고 주장한다. 이 책은 질문과 대화가 인간의 모든 지적 활동에서 핵심적인 역할을 한다는 저자들의 믿음을 바탕으로 집필되었다. 아울러 학교생활뿐 아니라 가정에서도 하브루타를 실천하기 위한 재미있고 다양한 방법들을 제시한다.

교실 속 유튜브 수업

김해동 · 김수진 · 김병련 지음 / 값 15,500원

교실에서 이뤄지는 유튜브 수업은 학생들을 단지 미디어 수용자에서 참여자로, 소비자에서 생산자로 자리매김할 기회를 준다. 이 책은 이를 위한 충실한 안내자로서 주제, 유튜브, 스토리, 촬영, 편집, 제작, 홍보에 이르기까지 거의 모든 과정을 다룬다.

프로젝트 수업으로 교육과정을 다시 디자인하다

기애경 · 조은아 · 송영범 · 김성일 · 옥진우 · 한난희 지음 / 값 17,000원

이 책은 일회성 이벤트가 아니라 교실에서 항시적으로 실천할 수 있는 지속 가능한 프로젝트 수업 방식을 제안한다. 무엇보다 실제 교육과정에 기반한 프로젝트 수업을 제안하고 있다. 특히 기존 교육과정에서 제안하는 수업 주제를 바탕으로 학생들의 자발적 탐구를 가능케 하는 질문들을 이끌어내는 것에 주목한다.

독자 여러분의 소중한 원고를 기다립니다

맘에드림 출판사는 독자 여러분의 소중한 원고를 기다리고 있습니다. 원고가 있으신 분은 momdreampub@naver.com으로 원고의 간단한 소개와 연락처를 보내주시면 빠른 시간에 검토해 연락을 드리겠습니다.

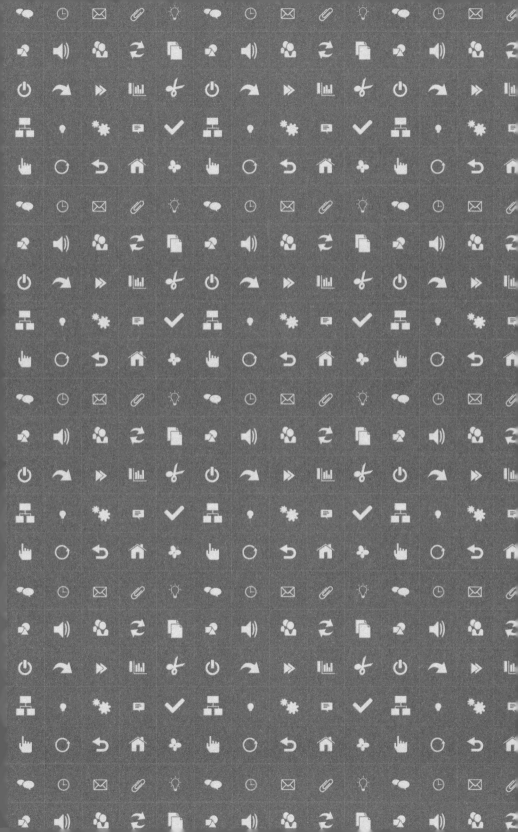

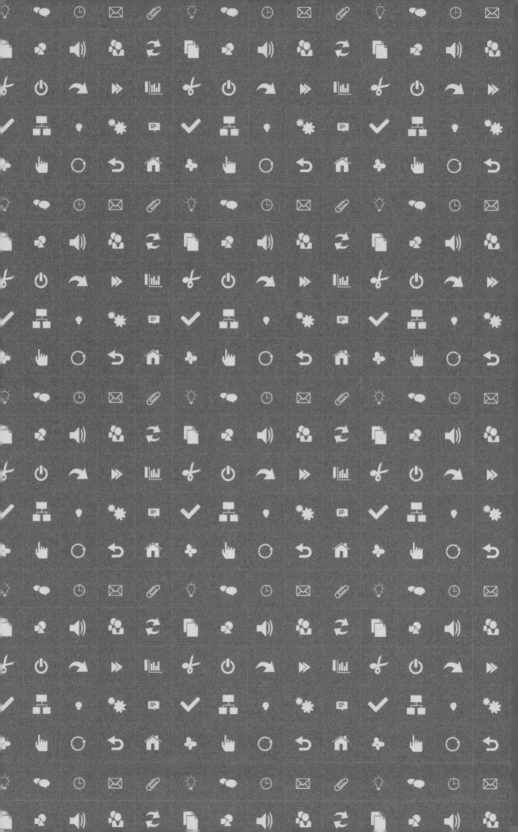

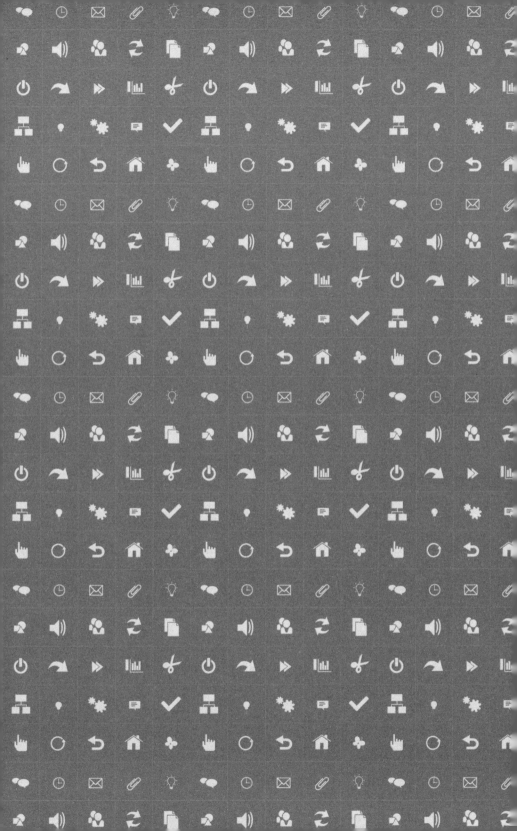

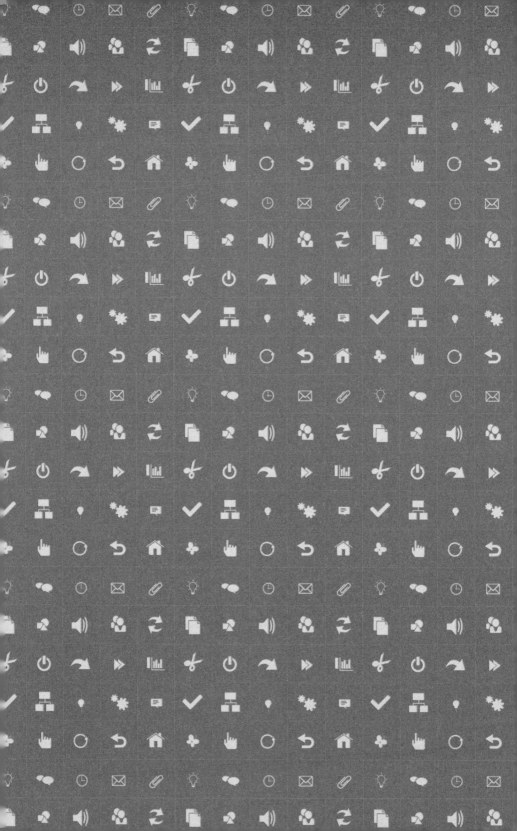